天下 雜誌出版
CommonWealth
Mag. Publishing

你這麼好，為什麼沒自信？

承接內在脆弱，三階段重建穩固的自我，擺脫他人眼光，活出自己喜歡的樣子

吳姵瑩——著

「凡身為人，意味著會有自卑感，
這種自卑感催促人不斷征服自我。」

——阿德勒

目錄
contents

Part III 建立穩妥的內在力量

各界推薦

「如果你在親密關係中委曲求全，或是你常常會掉進否定自我的地獄，或許你內心正住著一個不容犯錯的孩子。如果你想脫離這種蓋牌的人生，就須要改寫你的自我詞彙。姵瑩這本《你這麼好，為什麼沒自信？》介紹的九軸向深度自我剖析，將幫助你從別人的眼光中脫離，早點回歸到你的真實自我。

這是一本每個人都需要閱讀的書，尤其在這個變動的時刻，考驗著每個人的自我堅固度，而這本書將能夠幫助你好好自我扎根！」

——李欣頻（身心靈作家）

「我跟姵瑩心理師是在『命運好好玩』的節目認識，她也參與我幾次『篤霖甜甜圈』的直播，很喜歡她提醒觀眾要認識自己跟照顧情緒的分享，將專業知識用很生活化的方式舉例，讓心理學變得平易近人。她出版這本自信主題的書籍，相信可以幫助到許多在人生中迷惘跟不安的人。」

——何篤霖（「命運好好玩」主持人、臉書「何篤霖 Hotulin」）

「這是一本很值得每個人閱讀的書，每個人都可以在心理上獲得呼應。很多人告訴我，他想帶個心理師在身邊，可以隨時解答他的問題。這本書就像帶一位心理師在身邊，當你想知道什麼答案，就把目錄翻一翻，每個你想知道的答案，告訴你要看哪一篇，找到屬於你自己的答案！」

——林萃芬（諮商心理師）

「認識吳姵瑩老師，是因為我跟玉琳哥主持的『甄心分享小琳鐺』，常常邀請她來當我們的心理專家，針對來賓的各種狀況，給予分析。姵瑩老師總是可以在很荒謬瘋狂的故事裡，找到同理他人的方法，非常受用。相信很多觀眾也透過節目，從老師這裡得到很多安慰，觀察到許多事情可以用釋懷的角度面對。

恭喜姵瑩老師將畢生所學和專業累積集結成書，可以幫助到更多的人。不管再怎麼自信的人，也會遭逢失落的低潮；再有成就的人，也有徬徨無助、感到不足的時刻；如何在各種狀態下，找到肯定自己、愛自己的方式，真的非常重要。每個人都在扮演很多角色，譬如我，身兼妻子、媽媽、媳婦、主持人……，不可能面面俱到滿足所有人的期待，如何學習肯定自己是一個重要的修練。在這本書裡面，可以找到方法看見自己努力的痕跡，誠實地面對自己、肯定自己。我覺得這是一本值得放在床頭的書，推薦大家睡前靜下心來閱讀，就像睡前喝一碗心靈雞湯，每天醒來都充滿正能量。」

——佩甄（節目主持人）

「認識 Chloe 十多年，這本書是我覺得她寫得最貼近自己的一本。不只是提供方法，裡面談到許多她自己的故事，從童年經歷、自信、到安全感，一點一點地剝開自己。你會發現，其實許多療癒者一開始都是背負著傷口的，但即使是這樣，還是能夠找到生命的出口。

不論是關係裡面的不安、原生家庭中的糾結、過往創傷的拉扯、情緒起伏的干擾，你都可以在這本書裡面找到答案，隨著書中的練習，一篇一篇地陪著你，回到過去，安撫那個小孩，把自己，愛回來。」

——海苔熊（「海苔熊的心理話」播客）

「我們每一天都在遇見更好的自己，悅納那個不完美的自己，就是愛自己最好的方式。

向來，自信樂觀是射手座天生自帶的特質，我以為大家都這樣。直到上學後，才發現總有同學自認『我其實沒有大家以為的那麼好』；面對他人稱讚，總會急忙揮手說：『是你謬讚了』、『還好啦，真的沒什麼』……。

自信不足的朋友們，救星來了！好友姵瑩的新書正是最佳的信心打氣良方。本書分成三大章節，從檢視內在陰影，到覺察關係中受傷的自我，最終壯大內在力量，建立屬於自己的自信人生。」

——郭莉芳（理財專家）

「這是一本我會放在晤談室外給大家參考的書，針對個案很想知道的問題，提供了很好的看法。」

——黃惠萱（臨床心理師）

「看到書名，如果你心裡浮現這句話：『但我就一點也不好啊，當然沒自信嘛！』那我建議一定要買下這本書，花點時間慢慢閱讀。因為這本書並非不斷灌輸（洗腦）『你很棒、你要有自信』，而是從許多案例中，幫你一步步了解自己，找出缺乏自信的原因與源頭。

姵瑩用兼具理性與溫暖的文字，陪伴你探索過往經歷、日常習慣與各種關係，看見心裡深處那位常感焦慮、覺得不夠好的自己。在這過程中，或許你就會慢慢長出名為『勇氣』的果實，邁出更有自信的步伐！」

——瑪那熊（諮商心理師、溝通表達培訓師）

「一個人沒自信的來源，大多數來自外在世界的影響，從家庭、校園、職場、人際等，都一點一滴形塑我們對自我價值的認知。吳姵瑩心理師的新書《你這麼好，為什麼沒自信？》則是幫助我們把真實的自我找回來。學習不需要他人認同，也能先認同自己，並擺脫受害者的心理與曾經有過的內疚狀態。

願我們都能成為勇敢的人，重新面對自己的自卑底層原因，透過閱讀以及自我對話，活出本我的自信。」

——鄭俊德（閱讀人社群主編）

「身為心理師，我經常見到缺乏信心的個案，多數心理困擾的來源，也跟自我價值不穩固有關。很多人以為，一定要更有錢、更好看、更瘦……滿足一大堆條件，才能擺脫自卑。事實上，真正的自信，是沒有條件的。

在華人世界成長的我們，深陷那些看似關心的評價，帶著這些創傷長大，再也不相信自己有表現好的一天。吳姵瑩心理師用引人入勝的故事，深入淺出帶我們走入內心世界，一步步重建被摧毀的自信，長出全新的、有信心的自己。」

——盧美妏（人生設計心理諮商所共同創辦人／諮商心理師）

自序

活在他人的眼光，離真實的自我有多遠？

記得有一次去南部的一間書店演講，我對一個聽眾印象深刻，因為他穿著一件洗得很皺且鬆垮垮的汗衫，可以看出他對外表並不特別上心。當時他對於我在演講主題「走出關係焦慮」提到的很多自我狀態有所感，問了一些問題，同時分享了他有次去百貨公司被警衛攔住要求他離開的經驗。

他說，一開始他不以為意，沒想到警衛愈來愈強硬，更大聲地要他離開。他有點不悅地反問警衛：「我是來逛街的，為什麼我要離開？」警衛也強硬地回他：「我們這裡不歡迎流浪漢進來。」此時他才驚訝自己居然被誤以為是流浪漢。

我相信他會穿那些極舊的衣服，他的內在應該有一些故事。他告訴我，當他被視為流浪漢、低下階層時，他並不認為自己是他們所認定的樣子，我告訴他：「那太好了！如果你不認為你是他們所形容的，你會怎麼定義你自己？你有思考過，你所定義的自己所呈現的樣子是什麼樣的嗎？」

看著他若有所思的模樣，我猜他沒有什麼機會思考這個問題，但也許這正是一個契機思考自己想要如何被定義。

許多人的不自信，多是太活在他人的眼光裡，並且任由他人眼光來定義自己。跟我見過幾次面的 Audrey 正在經歷離婚，在這過程裡，她覺得自己完全失去自信。整場談話中，Audrey 聊的幾乎都是先生對她做了什麼、說了什麼，她的腦袋裡無比清晰地記了許多先生對她的負面描述，像是：

「我希望每次回家都有三菜一湯，但妳經常用一鍋熱粥來打發我！」

「我們之間發生的事情，你為什麼要去跟你同事說？你有尊重過我嗎？還敢說你很愛我？」

「我覺得你根本不愛我，我給你這麼好的生活，為什麼都不聽我的話？」

她每次想起先生說的這些話，內心都很激動，感覺自己徹底失敗，也覺得自己糟透了。因為不論怎麼做都得不到先生的肯定，她也對自己很生氣，質疑自己是不是太任性賭氣，導致婚姻破裂，想著想著，她不禁悲從中來。

的確，關係的斷裂帶來的悲傷難過，很容易引發自我懷疑，因為失落本身就會讓人討價還價，覺得只要當時多做點什麼，也不會落得今天這副模樣。但我們往往忘了，也許自己早已在關係當中做過千百種努力。

就像 Audrey 並非全職家庭主婦，有自己的工作，即使有時工作繁忙回到家已身心疲憊，只要想到先生不喜歡外食，往往打起精神煮個簡單的晚餐。但她先生不僅沒有感謝，還責怪 Audrey「不用心」。甚至當 Audrey 受不了責備而抗議時，她先生竟然還說「我當初就是因為你很溫柔乖順才娶妳的，妳現在這樣根本是欺騙！」企圖讓 Audrey 閉嘴。

當 Audrey 離婚的消息在她的朋友圈傳開後，令人驚訝的是，她的朋友一邊安撫、鼓勵她，一邊為她慶幸，甚至有朋友懇求她不要再回到那個家裡。原來這些年的婚姻，她看似有個完整漂亮實體的家，但心靈早已空洞又痛苦，她變得開始嫌棄自己，畏首畏尾地很多事都不敢做。

離婚之後的 Audrey 有時會在自信與不自信間擺盪。當她完全拿掉先生的眼光，用朋友的眼光看自己時，她對自己的描述是「認真負責、願意付出照顧、因為小事就大笑、樂天又樂觀」。也因此更對照到，當她將專注力想著先生，冀望先生會不會回心轉意時，她就再次戴上先生的思維，開始批判自己，陷入自我懷疑與自責當中，也因此對未來絕望。

來來回回之間，於是 Audrey 看懂在這些年的婚姻當中，她被先生大量「洗腦」而出現跟先生一樣的內在人格。她開始停下，也才看懂原來是這些聲音讓自己缺乏自信。

由自己定義，而不是他人

藉著前面聽眾與 Audrey 的故事，你會發現，若要成為一個有自信的人，最重要的就是，積極並有意識地幫自己畫出：「你到底是一個什麼樣的人？」積極地自我定位，也就是不讓他人來定義你。

當你清楚自己的定位、知道自己是誰，代表的是，你也知道你接下來要去哪裡；同時，當他人評價你、描述你的時候，你就不會受到他們的影響，而只會覺得：「可惜他們並不認識我」，這些都是很關鍵的過程。

若你清楚知道自己的樣貌，當聽到他人說一些傷人的話語時，無論是敏感的程度還是受傷的程度，其實就不會太高了。

所以，回到剛才提到的積極自我定位，它能幫助你有更穩定的自我強度，也會提高自我價值感或自我尊重的層面。但，無論是自我價值還是自我接納，那都是得由「你自己」長出來的能力；親愛的，開始練習欣賞自己，並積極找到自己的定位，其實都是很重要的。

當在人際互動中受傷時，想想是因為他人的言語太傷人？還是自尊太脆弱？

曾經有個學生跟我聊了「受傷手指」的故事。

一般來說，健康的手指，不論是碰到鍵盤、拿起杯子、按下按鈕，都是一件稀鬆平常的事。但如果今天手指被割傷了呢？當你不曉得自己的手指已經受傷，碰觸到鍵盤痛得哇哇叫時，你會覺得鍵盤太尖銳？還是手上有傷痕？

為什麼某一句話對其他人而言好像還好，你卻很介意？可以從兩個層面來思考。

第一，有些話由不同的人說，威力就是不同。

我最常舉媳婦看報紙的例子。有一天當你在住處樓下大廳看報紙時，隔壁的王太太看到你在看報紙，就閒聊一句：「張太太，你今天這麼悠閒在這裡看報紙啊！」請問，這時候你的反應是？

如果今天從隔壁王太太換成婆婆呢？請問，你的反應是？

這時候很多人就會心一笑，是的，關係不同，說出來的話威力是不同的。很多人會回答我，他們還是可以跟王太太閒話家常一番，例如聊聊通貨膨脹、某某候選人等。但如果說這句話的人是婆婆，他們多數第一個反應是：「是覺得我這個媳婦過太爽嗎？」這其實意味著，很可能你在婆媳關係上已經有受傷的經驗，或者「想像」受傷的可能，因此會扭曲解讀對方的話語。

第二，這些話不管誰說，你都受傷，但其他人還好。

曾經有個朋友 Heidi 跟我聊到，她覺得很多人都用異樣眼光看待她，我問她為什麼會有這樣的感覺？她說，因為她來自單親家庭，國中時父母離異，老師甚至曾在班級上公開討論這件事。雖然成長之後她可以明瞭老師的做法是出於班級經營以及為她好，但對當時的她來說，尚且還沒能接受父母離婚，不論在生活上與感受上都是巨大的改變跟衝擊，因此她覺得，只要有任何人討論起這件事，她都覺得丟臉羞愧。甚至常覺得有人指桑罵槐，說她成績要再加油，等於提醒著她來自單親家庭沒有人看管，所以容易疏忽成績，疏於自我管理。

因此她格外拚命，讓任何人對她的任何事都沒有任何評語，但這件事始終是不可能的。

「你最近怎麼掉出三名之外了？」老師說。

「你今天制服怎麼皺皺的？」早餐店阿姨說。

「你為什麼要跟小寶吵架？」同學問。

Heidi 的解讀分別是：

「因為我沒有媽媽，你覺得我成績因此變差嗎？難道要有媽的孩子才會成績穩定嗎？為什麼要看不起我？」

「因為你覺得我沒有媽媽，所以沒人幫我燙衣服整理衣服嗎？為什麼要嫌棄我？」

「因為我單親所以脾氣不好嗎？有媽的小孩就不會亂跟別人吵架嗎？為什麼要指責我？」

Heidi不自覺地在互動中出現防衛的反應，甚至容易做出攻擊的行為，但終歸是對自己的定位中，她認為沒有人會喜歡「來自單親家庭的自己」。她的困難在於沒有人在中學時期與她討論過父母離婚後的難過與衝擊，因此在適應的困難中，她愈來愈害怕自己變得在團體中會格格不入，因此一邊努力融入群體中，一邊又很需要裝沒事，希望別人看不見自己的不同。但這些互動中不自覺的反應，卻依舊呈現了她與其他人的不同。

練習找回支持自己的力量

一個人的自信與否，身旁緊密的人擁有極大的影響力，但我們終究擁有決定權，決定自己想要被影響多少。想要自信地應對他人的話語，就要能看懂與他人互動的關係品質，甚至要能練習去面對關係裡的疙瘩。

在這本書，我將分為三個部分，帶你深層剖析自信課題，同時集結我在個別心理諮商與深度心理課程的經驗，幫助你透過故事思考與練習，一步步反思你沒自信的困擾。

首先在第一部分，若曾經有不光彩的過往，我們就特別容易對自己的認識與記憶，困在生命中最灰暗的時刻，容易用飽受委屈、困頓、無助或羞愧的自己定調人生。也就是用當時那個不光彩的模樣，作為內在形象，這就是人們常說的「如果你認識真正的我，你就不會喜歡我了」那個「真正的我」。而你忘了，隨著時光荏苒，你早已經為自己聚積更多能力與經歷，這些都超出你以為「真正的我」的範疇。

第二部分，其實我們大部分時候都容易為他人而活，很多人的生命意義也由此出發，很容易在長期的關係相處中被他人定義而不覺得自己好，過度使用他人眼光來看待自己。但究竟要如何平衡自己與他人？擁有了自信就代表關係的疏遠嗎？順從了他人，就只能在關係中委屈將就嗎？

第三部分，在經歷過往的自我與關係的自我後，我們一起來重新定義自己吧！透過拿回內在力量，重新穩健自己的信念，覺察你的專注都擺放在哪裡，擺脫被定義的標籤，主動為自己的渴望去追尋、去創造，對自己有更多理解與允許，成為讓自己都敬畏的人。

另外，我在三個部分都安排了「探索自我地圖」的小結尾，透過連續的「九軸向自我之樹」的深度練習，幫助你更全面覺察自我，並且進一步有意識地去改寫對自己的負面信念。

然後，我希望你在闔上書的那一刻，可以真誠地回答自己：是啊！有什麼好沒自信的啊！

Part I

凝視深沉的心理陰影

你有沒有想過，你是怎麼走到今天這個位子，今天這個狀態，今天這樣待人處事的方式？

你有沒有想過，你會如何描述自己的樣子？

很多人內心是不自信、沒安全感以及不快樂的。雖然在外人眼裡或許感覺他該有的都有了，覺得他既優秀又過著讓人羨慕的生活，堪稱人生勝利組，但，為什麼這樣的人還是困在負面感受中，為什麼內心還是空缺？

有時候那份困在心中的痛苦，無論表面如何光鮮亮麗，都難以讓外人理解；甚至因為這份深層的痛苦帶出更難以與人分享和連結的孤單感，而落入「沒有人真正懂我」的困頓中。

生命歷史的影響力是顯著的，而我們經常使用「創傷設定」來看待自己，也就是你曾經的受傷自我，定義了你的樣子。

曾經被排擠的創傷，讓你深信「不會有人真正喜歡自己」，而在人際互動中卻步、迴避。

曾被言語羞辱過的創傷，讓你深信「自己不夠好」，而在面對新事物時總是卻步、沒半點把握。

曾經在競爭中失利跌落神壇的創傷，讓你深信「再也無法像過去的自己」，而逐漸自我放棄。

受傷的狀態會產生僵化的思維，對自己的想像失去彈性也對生活失去盼望，就像是持續詛咒自己，經年累月不斷在腦中放送，成為堅不可摧的負面信念。這個負面信念，正是讓你無法擁有自信與滿足的源頭，因為你主觀地定義了自己、限制了自己。

若要成為一個有自信的人，最重要的就是，積極地自我定位——積極並有意識地幫自己畫出：「你到底是一個什麼樣的人？」但太多時候我們在未覺察的狀態下，被過往給牢牢定義，容易帶著受傷或年幼孩子的觀點或意識狀態來看待世界。所以，我們是否有確實隨著年齡增長而累積成相對應的心智成熟度，更認識自己的全貌？對自己的自信是否符合人生閱歷？否則，在持續未覺察的情形下，會因為身心不一致，容易感覺自己的人生像是小孩開大車，持續被莫名的不安跟長期不自信給困擾。

在進入第一部分之前，你可以先幫忙自己做以下的練習：

1. 如果從出生到現在，你會怎麼為自己的人生分階段？（請用你所認為的年齡階段／學習階段來分類，例如1～10歲或兒童期或中學時期。）
2. 是否有明確轉捩點？原因是什麼？
3. 請用一個形象／名詞來描述各階段，例如：傻妞／叛逆少年。
4. 請另外用形容詞來描述各階段，例如：任性的、活潑的、無拘無束的。
5. 請回顧各階段當時的情緒常態，經常呈現什麼樣子？例如：開心的、鬱悶的、焦慮的。

你可以試著把上述的回答，整理成一個簡單的「自我地圖」，就像以下範例：

小學之前	國中	高中到大學畢業	23～33	一直到現在
野女孩	痘痘妹	鄉下人	碎了的心像掉了一地的頭髮	可愛的人
任性自由的	醜死了	俗氣不入流的	一片片把自己撿回來	專注的創造的
活潑簡單的	自我中心的	邊緣的遜咖	迷失的迷惘的	勇敢的自由的
快樂	羞愧／傲慢	嫉妒／自卑	悲傷／痛苦	自在／平靜

換你囉！

現在，讓我們來反思：誰在看這些個自己？哪些表現好？哪些表現不好？怎麼個好法？怎麼不好了？做對什麼？做錯什麼？

從這些問題，你可以幫自己清晰地理解與劃分，過往怎麼影響、形塑與定義自己，也可幫助自己覺察，是不是哪個階段的樣子，到現在還占據你自我形象的絕大部分？也可從中看見，自己是否有著「創傷設定」。

以我為例，從國中後就對外表感到羞愧，對鄉下身分感到自卑，對失戀感到心碎與痛苦，而這些過往都成為定義我的一部分，也是受傷的存在。這樣的狀態須要被充分覺察後，我才能幫自己穿越深陷的泥淖，才能逐步發展出新的自我設定「可愛的人」，重新相信自己是可以被愛的模樣。

相信，透過練習與覺察，你也能一步步邁向你最喜歡的樣子。

01

自我隱藏

習慣忽略現在的自己，停留在過去

一個人非常容易把對自己的認識，停留在某個早期的重要階段，有時候是上台領獎時那個驕傲的自己，有時候是升學過程那個挫敗慘摔的自己，有時候是被全班排擠的自己。

我則是經常停留在那個國小到國中「鄉下小女孩」的自我認同上，因為那是我第一次開始「探索自己」的時間點，開始好奇其他人怎麼看我，開始大量開啟思考與內在對話的過程，我是從那時候開始認識自己的。而這個重要的開啟，似乎特別容易成為自我認識的凝結，以至於更多的時候我忘了我已經向前走了很長一段路，老早就脫離那個時期與那樣的生活環境。

小時候的自己很聒噪、很愛交朋友、很外放、很熱情。第一次被說熱情，是小學四年級的美術課，老師要我們在圖畫紙上自由地用線框出各種大小的區塊，並在各個區塊上塗上顏色，我沒有多想，只是在紙上不停著色，在創作的過程我非常開心。

結束創作時，老師要每個人在台上展示自己的畫作。當我展示我的創作時，老師一聲驚呼，就問了我是不是很熱情又喜歡幫助人的人？甚至問了全班同學。我並不是很理解他從哪裡去判斷的，也許是因為我塗了非常多的顏色，很多人的顏色不多，區塊又大，但我的區塊小，所以我塗滿各種顏色，也許是從這個跡象看出我是個熱愛表達的人，或熱情洋溢的人吧。

只是當時我很不領情地說：「沒有」，因為我並沒有覺得自己很愛幫助別人，只覺得自己話很多很吵，唯獨在創作過程特別安靜與專注，可以說與平時判若兩人，還曾經因為太專心而被老師加分。而這個創作過程成為我其中一個對自己定義的矛盾衝突點，我似乎熱情又不承認自己熱情，我似乎有才華，又不覺得自己有才華。這股矛盾也曾在國中剛入學時在班上的自我介紹中展現。當班導要我們自我介紹，並說說自己的特長時，我直接說出：「我什麼都不會！」語氣傲慢又叛逆，即使後來國中三年我在班上基本上名列前茅，體育運動、科展比賽樣樣來。

我為什麼要遮蓋自己呢？我一邊渴望被喜歡、被重視、被鼓掌，一邊又覺得該有骨氣地不說出自己，透過行動證明我夠好，不需要我去說，應該別人來讚賞我。這不只是一種遮蓋與隱藏，更像是對社會期待的反叛，我心中那股對權威者的不屑一顧，似乎在宣告著，你們最好都看不起我，我沒差我無所謂，因為不久的未來你們要刮目相看！

與權威者的關係，往往是個人與父親關係的投射，而當時我是經常被父親看扁的，更精確地來說，是父親生命裡一直有不被看好的傷痕，一直有須要證明給別人看的動力，以至於我可能學習到他待人接物的方式。也可能他在不知不覺之中，傳遞了類似的態度給我，讓我在不被看好與不被支持的氛圍下學習，因此認為權威者根本不會真心想知道我的能力，他們或許想要嘲弄或貶低我，那麼我先自我貶低又有什麼差別？也許我遮蓋了自己，他們不會對我有過高的期待，如此一來，我也比較安全。

我不確定這自我隱藏的習慣從什麼時候開始，但我知道它依舊隱約持續著。會自我隱藏的人，不會因為把自己藏好，就不需要別人肯定，自我隱藏的人依舊會透過各種途徑去取得他要的認可，特別是當他無法認可自己，甚至在自我貶抑中有點討厭自己時，更需要透過他人欣賞與肯定來讓自己充電或感覺被愛。

對「不被看好」的沉默反擊

究竟為什麼需要自我隱藏？我想那是一種反擊「不被看好」的保護色。我只要不表現好，我就不用承受他人不看好、睥睨的眼神，自然沒有無顏見江東父老的羞愧，即使長久下來沒什麼可以拿出來講的成就，那也是很久以後的事了。

二〇二一年我開始嘗試用沙遊治療認識自己，一般心理治療的語言開始難以滿足我對自我探索的狂熱，更多象徵元素反而可以更刺激我去思考與感受自己，我陷入自我對話的狂熱裡，卻也在自我對話中逐漸迷失自己。

最有感觸的諮商過程是，我們聊到注意力缺失症，我一直覺得自己有這個症狀，當然也許是抗拒跟害怕，我總是說說而已，並沒有真正獲得診斷，畢竟這個現象並沒有真正對生活造成多巨大的損害。只是當我面對重要的事情時，例如要籌備新的課程，要開始寫下一本書，就會巧妙又適時地出現注意力缺失的困擾，又巧妙適時地讓我轉移注意力，開始忙碌在緊急又微小的事務上。

當然，在性格探索上，我可以合理地告訴自己，我就是非常容易感覺事情無聊，當事情出現定律時，就難以專注在其中。但當我仔細思考，究竟是什麼事情讓我特別容易展現注意力缺失，就會發現是在每一次寫書時、研發課程時，也就是重要的創作過程，一個需要安靜與沉思的過程，一個需要整合所學，同時整合自己的過程，分心與開啟多重視窗的行為就會發生。我會開始流連於社群媒體，我會尋求情感與情緒上的支持，我會滑手機、我會開冰箱、我會忍不住開 YouTube，我會想流連在花少一點腦力的地方，好讓自己不用去面對這些讓我「敬畏的神聖使命」。

有趣的是，當我為學員上課、接受案主諮商，基本上我可以非常專心，專心到眉頭容易深鎖。我想「防衛性注意力不足」幫助我解釋了這個現象。我用注意力不足的問題遮掩自己的能力，讓自己在面對比現在還高遠的目標、必須要付出與彈跳時，給自己拒絕、設限般的回應；又用注意力不足的理由，安撫自己「沒做到也沒辦法，因為其他成功人士沒有跟我一樣有注意力不足的困擾啊。」（所謂防衛性注意力不足，就是並沒有真正有注意力不足，只是用注意力不足的理由來當成人生的阻抗。）

這種很需要透過症狀來讓自己偏離人生軌道的情形，在諮商中很常見：因為自己的憂鬱而父母終於不再吵架，配合孩子就醫；因為自己的頭痛、牙齒痛，而沒辦法專心念書（其實是焦慮引發各種身心症狀），讓家人很緊張，而不再劈頭狂罵成績差。

經過這些年的探索，我逐漸體認到，有時候就算你已經長成一個大人，充滿各種生活的嘗試、專業的知識與技能，不斷努力讓自己成長，有時候對自己的認識似乎總停留在生命記憶的某個時間點。

而我摸索到一個極其重要的體悟則是：「重點不在你是誰，而是你認為自己是誰！」

我對自己的認識，總是不自覺停留在那個做事匆忙的鄉下小女孩，因此容易下意識認為別人不會注意到我，也會下意識認為自己懂得很少，太習慣用不懂事的女孩來看待自己。即使我的生活與專業有了成就與積累，但我總會忘記現在的我，而用過去的我在生活，在情急狀態就會自動恢復成「default」的預設模式。

調整預設模式很顯然需要刻意練習。我究竟想要用什麼角色定義自己，我希望成為哪一個自己，而我正在活出哪一個自己？

療癒時刻

每當你總要以某個「症狀」來定調自己、懷疑自己時，也許你可以問問自己：

「這個懷疑跟症狀，在幫助我什麼？」

「它們避免我哪些危險或傷害嗎？」

很多時候我們在為生活努力，但真正影響我們生活走向的，往往不是「你是誰」，而是「你認為自己是誰」。那個對自我認知仍停留在早期的你，若沒有跟上現在的你，將會對你當下的生活，形成反向作用力——亦即，透過自我懷疑，「幫助」你符合早期對自己的認定，透過「症狀」避免你因為嘗試後要面對失敗的痛苦，避免你爬太高摔跤受了傷害。

溫柔地迎上每個面向的自己、每個時刻的自己，才能在理解中真正主宰自己的人生。

02

無價值感

渴求一個完美情人，其實是害怕再受傷

Rita 來找我談她的感情困擾，尤其最近經歷幾段失敗的關係，她擔心接下來會不會愈來愈糟？

Rita 年輕時喜歡看霸道總裁的言情小說，對情感總有憧憬，喜歡事業有成、有車有房、顧家愛家的好男人，但不知為何，她遇到的男人只有霸道樣，沒有總裁等級的事業，卻總喜歡命令 Rita 來家裡打掃，興致一來甚至會要求 Rita 陪演一場 A 片的橋段。

Rita 一邊檢討自己是不是無意間釋放了輕浮的訊息給對方，一邊也感嘆為什麼謹守本分的自己，還需要為這樣的人事物煩惱，突然覺得感情好累、人生也好累，

究竟天底下還有哪一個男人可信？

就算再憧憬愛情，只要經歷幾個奇怪的對象，再怎麼有自信的人也要自我懷疑了：「是不是我眼光出了什麼問題，為什麼總是招來奇怪的生物？」、「是不是我之前做了什麼事情遭到上天詛咒了？」

我問 Rita：「如果覺得都遇到奇怪的對象，那你所謂『正常』的對象又長什麼樣子呢？」我好奇 Rita 知不知道哪種類型的人會吸引自己。Rita 這時候講話變得小聲：「我沒有認真想，我覺得我滿隨緣的，就是看感覺對不對。」

我接著問：「那你遇到感覺對的人，會釋放什麼訊息嗎？」我好奇 Rita 對自己喜歡的人事物，有沒有表達的勇氣，從這裡也能評估出自信度。Rita 卻回答我：「沒有，我都是等別人說喜歡我，我超級被動的，根本不敢說。」

我在實務工作上遇到許多在親密關係中被動等待的人，通常在情感中自信度相對較低，原因有二。

第一，他們害怕被拒絕，而這種害怕被拒絕的心理通常建立在，透過他人的反應來決定自己的價值。「如果我喜歡他，但他不喜歡我，不是又丟臉又尷尬嗎？」

因而感覺這樣的自己很廉價。

而事實是，我們會喜歡上一個人，或想要回應一個人，當中有很多錯綜的因素考量。除了外表、個性、家世背景等顯而易見的條件與狀態外，還有許多當事人內心也搞不清楚的潛意識運作，例如：有些人就需要另一半超級會吃醋跟情緒化，來讓自己感覺像是活在戰爭中充滿動力，或覺得自己強烈被需要。

所以對方喜不喜歡你，向來與你這個人優不優秀，是否充滿魅力無關；而是他內在有自己的小宇宙，他需要找一個能跟他的宇宙相應的人，有時候甚至就是一股熟悉的情感羈絆罷了。

第二，覺得自己不值得：「他會喜歡我這類型的人嗎？」、「如果不成功的話，會不會連朋友都當不成？」、「他會不會覺得我高攀他了？」當心中有一種不值得，就不敢去擁有，不敢去爭取，更不用說表達出自己的需求，因此他們除了會選擇被動等待之外，也將希望寄託在求神問卜，期待老天應了他們日常的燒香拜佛，能讓他們在最適合的時刻，有這樣一個人可以不客氣地撞進他的生活裡，然後他的人生就像是童話故事裡的公主一樣，被完美地救贖之後，可以過上幸福快樂的日子。

因為看不到自己的價值，所以被動等待；也因為沒有花心思在拓展社交圈，自然不會有夠大的人脈網絡，以致通常沒有太多選擇。然而愈被動的人，愈容易吸引主動霸道的人，這也解釋了Rita後來遇到的人為什麼容易帶來「奇怪」的現象。

還記得有一段時間我在學習社交舞騷莎舞（Salsa Dance）的時候，因為我舞技不純熟，很擔心我去邀舞的時候，對方會跳得不盡興，或一個緊張踩到對方，或者沒跟上對方而讓人掃興，所以在初期很容易就當起壁花，等著別人來邀舞。後來跟俱樂部裡的女孩們混熟之後，看她們總是很自在又快樂地跳舞，讓我好生羨慕。她們基本上每週必定兩三天報到，不斷磨練自己的舞技，也很恣意地綻放魅力與笑容，特別是她們向男性邀舞的時候，總是如此自然。

有次她們看我縮在旁邊喝飲料，有人就以過來人的身分給我一個衷心建議：「看到喜歡的人就去邀舞，不然來邀你跳舞的，就會都是你不喜歡的。」她丟下這句話，喝了兩口啤酒，就又開心地跳舞去了，丟下我在一旁五雷轟頂。

其實言下之意就是，跳得好的、長得好看的，往往不缺舞伴，那些外表沒這麼吸引人的，就會在舞池裡極力尋找落單的舞者，努力邀約，總會有一兩個願意跟他跳，因為總會有人沒藉口閃躲，或不好意思拒絕。

所以被動的後果，就是很大的機率，你失去與你真正喜歡的對象互動。那個「可不可以你也剛好喜歡我」的夢幻劇情，還是留給偶像劇吧。真實的人生中，當你佛系又被動時，只會吸引來想趁機占便宜，不見得多誠懇的對象。

不敢要，所以不敢想

當 Rita 理解自己的被動後開始思考，那如何真正化被動為主動？究竟這過程中又要做什麼準備？Rita 內在對自己的懷疑，讓她在列出期待伴侶的清單時，困難重重。

Rita 花了約一週的時間把自己的清單列出來，列完之後她很羞赧地跟我說，她覺得寫下感覺並不好。我笑了笑，因為這正是我猜想的結果，不敢要的人，如果也不敢想，根本無法付諸行動，而背後通常是被對自己的羞愧感、無價值感給牽制了。

我跟 Rita 花了點時間討論她的清單。她一邊討論，一邊有點嫌棄自己的市儈，因為她開出的條件裡自然期待對方「有車、有房、有資產、事業有成」，能給她財務上的安全感。

Rita 接續著談起這對象的人格特質，她希望對方忠誠、溫柔又勇敢，可以總是適時出現聽懂心情，並且能帶她到不一樣的境界去。一切聽起來真像是童話世界中救出公主後，隨後就一起過上幸福快樂日子的白馬王子。

我問 Rita：「會不會覺得自己像在期待一個完美的白馬王子？」太多人因為對童話的憧憬，的確會對情感有不切實際的期待，甚至會因此相信有一見鍾情的真愛，導致沒有花心思與時間去與對方真實相處，反而更像是用想像在談戀愛。

Rita 認真想了想，發現自己真有這傾向，也很意外。很多人都認為一個情人「應該」要盡心呵護另一半，「應該」要能保護另一半，「應該」只能眼裡盡是自己，「應該」把時間優先排給自己，因此對現實的愛情、對大部分的對象感到失望。

我問 Rita：「你也知道完美的要求是不太可能的，有想過為什麼在感情裡要求完美嗎？」Rita 念過很多書，上過很多課，自然知道完美不符合人性，但沒想到一旦列出自己一直沒有好好細想的條件時，才發現儼然在列完美情人狀態表。

完美情人並不存在，即使你人生中大部分時間讓自己臻於完美，你也不是完美的存在，更重要的是，追求完美的背後，有很大的可能是為了避免受傷。

若你在情感中曾經受傷，或看見他人受傷，面對感情自然就會開始想很多，自然給對象各種評分，因為你須要確保不會像之前一樣遇到讓自己身心受創的對象。

在感情裡受過傷的 Rita，關閉自己的心扉，只願意對完美情人開啟門縫，因此真正流入她生命裡值得信任的人會少之又少。

對 Rita 而言，其實已經陪伴自己走過許多成長，也許就是這一刻真正意識到過往情感的傷痛對自己的影響力之劇烈，因此設定了自己是極度脆弱的陶瓷娃娃；而只有當另一半極度完美，才能好好呵護與珍惜脆弱的她。

但真實的狀態是，當自己愈脆弱，就愈容易在親密關係中挑剔對方，給對方打分數，容易看不見對方的珍貴與優點所在。這些視角的形成雖然是為了保護自己不再受傷，卻會讓你陷入以對方的行為來定義自己價值的漩渦中，因此對方的一個缺點就會讓你感覺危機四伏，結果離收穫美好的關係愈來愈遠……。

療癒時刻

不夠完美的、沒讓你滿意的他，究竟會如何傷害關係？或如何傷害你？喚起你哪些擔憂？

我們對關係或對伴侶的想像，也會根源自童年，我們看著父母充滿缺點的關係，想像這些「不完美」的特質，會讓自己很累、很痛苦，可能又會活成跟父母一樣的版本而懼怕不已。

我曾經遇到一位女孩來跟我討論他的男友是否值得交往，她就曾經這麼說：「每次要出門的時候他都要東摸西摸，我們總是得再耽擱個十五分鐘才能真正出門。我就在想，他這樣可以當我未來孩子的爸爸嗎？」

她透過「東摸西摸」的行為判斷男友不能勝任父親角色，但在諮商探索後，她才看懂原來因為成長過程中，爸爸一直都是吊兒郎當、做事漫不經心，很多家務事、教養事都是媽媽一手包辦，從小就在媽媽的哀嘆中耳濡目染，覺得一定要慎選自己的伴侶。

我提醒她，除了東摸西摸之外，是否看到男友為這段關係的付出？是否看見對方在關係互動上也長出許多能力？

那些成長歷程的不完美，在關係裡非常可貴，不需要拿來僵化地挑剔或定調對方的行為，而是要能成為養分，不斷滋養著彼此。

03

自我矮化

十年後的你，會謝謝現在的你嗎？

如果你的人生來到三十多歲，還無法滿意自己的人生，卻缺乏改變的動力，在原處動彈不得，每天在自己的座位框框中羨慕別人，怨嘆自己的老闆，嫌棄自己的另一半，你知道自己發生什麼事了嗎？

Gina 在自己的工作上兩年多了。當她剛入職一個月的時候，就曾說這不是她喜歡的工作內容，不喜歡公司會加班的文化，更不喜歡工程師要隨時待命 on call 的制度，即便內部輪調也無法停下她內心的不滿。但因為薪資福利還不錯，她仍繼續待著，卻始終有股不得不的被迫感。

人生就是這樣，當你長期不滿卻無法主動改變，人生就會為你送來一個不得不的被動改變，那就真正順應你為人生設定的「被迫感」——你一點都不想要，但事情就是來了，包括資遣、職位輪調，或公司負能量過高，走了一大票人又補不了人等等。

Gina 告訴我，她既不喜歡這家公司，也害怕失控感；她也知道也許跳出舒適圈會海闊天空，但習慣在魚缸裡活動的魚兒，總害怕又嚮往著大海的自由。隨著邁向四十的中年人生，她愈發沒自信。我問 Gina：「十年後的你，會謝謝現在的你嗎？」也許這是一個檢核自己是否邁向自己喜歡的人生，最直接的問句。Gina 很坦白地搖搖頭，但手一攤，嘆了一口氣。

每一個選擇，都要付出代價，選擇不改變，除了害怕失控，其實是打從心底懷疑自己是否有學習新事物的能力，也經常在新事物與新環境的挫折中，找不到面對壓力的韌性。

不上不下、卡住的人生

我曾經在一次資遣諮商中，與一個為公司打拚十多年遭資遣的高階主管 Alec 面談。我的工作是要幫助他找到天賦所在，以及幫助他能夠從被資遣的負面情緒中，找到為接下來生活重新定向的動力。

Alec 原本的工作是產線管理，需要高度結構性、按部就班去安排許多細項工作，並且要能組織團隊讓每個人可以各司其職。其實他做得也還不錯，但在公司擴張，引進愈來愈多外部管理專才的過程中，他的管理能力開始受到質疑。

在與 Alec 完成了 MBTI 的施測後，我發現他最擅長的工作並不是像現在這種需要制式化且結構化的管理工作，反而更像是自由、靈感迸發、創意或業務性質的工作。但特別的是，Alec 非常拘謹、認真負責的樣子讓我很好奇，是什麼生活背景框住他自由的靈魂？

他花了不少時間跟我談他原本的工作，包括因為輪調的關係，他接收了非常多管理相關的訓練，犧牲了休假娛樂休閒的時間，每次有工作的訊息必定立馬回覆……。他也納悶如此認真負責的自己，何以在工作上會走到今天這步？

我問 Alec：「你剛剛跟我談了很多原本這份工作的內容，以及你做了什麼。但 Alec，我很想問你，你現在幾歲了？你知不知道自己是誰？當你拿掉產線主管的身分後，請問你是誰？」

Alec 有點驚訝，好奇我怎麼問起他的年齡了。但他還是很配合地回答我。他有點不好意思地告訴我，這兩年來很拚命工作，幾乎很少有休息的時間，除了工作之外，大概就是宅在家裡，偶爾有力氣就帶家人出去玩，但也很容易因為工作就放下家庭生活。

我說：「是的，你非常努力，這點毋庸置疑，你剛剛甚至很努力想要說服我，你很適合產線主管的身分，你有發現嗎？但 Alec，我想告訴你，You are bigger than your role，你的自我是遠大於你的工作角色，我不懂聰明的你怎麼會將這麼有才華的自己，努力塞進這個職位上？」

我常在課程中提醒學生，有時候我們會讓生命裡的某個角色駕馭生活，特別當你害怕失去它的時候：一個害怕先生不愛自己的太太，會努力討好先生，而不再專注於自己喜歡的運動或休閒；一個害怕失去工作的員工，會努力符合公司目標，而不再重視自己工作的初衷。

我繼續說：「工作角色該是你自我的其中一環，不是你的全部，是什麼讓你忘了你原本最有活力、最自由、最自在的樣子呢？」我好奇問著 Alec 的生命歷程。

其實 Alec 一直都知道自己最喜歡的，是有彈性、自由又自律的工作狀態，當初他也是因為創意發想的長才，在公司經營的初期就被延攬進來；但因為他有負責與拚命的特質，公司加諸更多工作內容跟期待在他身上，他即使沒這麼喜歡那些工作，但還是繼續奮發向前。結果最終工作幾乎占滿了他全部的時間，也占據了原本很能創意發想、天馬行空的心靈。

後來 Alec 聊到自己的原生家庭，答案才揭曉。原來 Alec 的父親原本很認真經營生意，卻在中年不曉得體悟了什麼人生苦短的大道理後，就拋家棄子去參加熱中的教派活動，他的母親只得一肩擔起孩子跟家業。聽話的 Alec 看在眼裡，自然不允許自己步上父親的後塵，因此極盡所能地認真負責，不讓身邊重要的女人為自己吃苦。

Alec 的父親就像是「中年叛逆」，原本循規蹈矩的人生，在某一刻意識到人生該為「自己」而活時，全世界就只剩自己，拋棄了原本身上其他的角色，包含父親、丈夫、企業主，這對家人而言是極大的痛苦與幻滅感；但也因為有這個前車之鑑，Alec 其實更要懂得如何「活出自己」，而不是過度壓榨或限縮自己，直到有一天被壓抑的自我反噬。

害怕背叛，所以故步自封

當人長期處在不快樂與壓抑的環境中，是無法真正知道或體會到自己想要什麼樣的生活。但，有些人年紀愈大，愈故步自封，愈害怕變動，即使過得不快樂。他們通常是因為多次下來的挫敗經驗，感覺受傷，難以忍受心靈上的波動與生活上的調整，於是不再對世界充滿好奇與盼望，而找到一套「安全卻怨嘆」的生活模式。

除了 Gina 跟 Alec 的故事之外，我也想起 Alice 幾年前跟我聊過她對人生的困頓感，而在探索之下，發現那種困頓似乎源自恐懼與家人拉開距離。有些人不願意改變現況，有時候會有：「我跟我家人大概就這個程度了，再繼續成長突破又有什麼意義？」顯現的是對家族認同中，難以再超越跟提升的自我狀態。就像《他不笨，他是我爸爸》劇情中的小女孩，當她來到七歲時，害怕自己長大後的智商遠超過父親，而拒絕長大。

所以有一種故步自封，是忠誠於家族的心智水平，忠誠於家族的自信水平，當你成長跨越那條分際，就成了背叛。

我跟 Alice 工作很多年，她每次都舟車勞頓地來台北找我諮商。她說，我是唯一能聽懂她渴望的人。她來自全家女人都是高職學歷的家庭，沒有人上過大學，不難想像她生活的周遭幾乎沒有人理解她的上進心與自我突破的心念。而她非常渴望可以上大學，渴望脫離賣勞力的工作。

她說她想讀大學夜間部，如此她能兼顧工作與課業，可是家庭有一股強大且深層的影響力，讓她沒辦法有清楚的思緒，不斷陷入思考的泥淖與混沌狀態中，如同處於黑霧中的森林。

「常常有迷路的感覺嗎？」我問 Alice。

「嗯。」Alice 經常說話簡短。一方面是她經常不自覺地阻斷自己的思考，習慣以「不知道」或「嗯」等不須思考地回答；另一方面，她背後有不可忽視的拉力阻止她向外跑出原本熟悉的環境，跑離親密的家人。

Alice 家中的女人生命中有各種痛苦，但她們某種程度蝸居在窄小的公寓裡，每天過著在夾縫裡呼吸的日子。Alice 一、二十年下來，似乎習慣這空氣的稀薄度，習慣了這份自我矮化，更習慣停滯不前，即使迷惘正不斷啃食著她逐步空洞的身心。

「你不確定走出森林的世界，會不會真的比較好。」我說。有時候話中有話對來諮商的人而言，是相對安全的對話，剛好貼近又不會太疼痛地說出他們的心聲。

我心疼 Alice 以往必須故步自封的心境，因為她不確定自己有沒有能力建立起屬於自己新的「群」，更不確定自己是否有能力融入新的群，特別當她原有的群是如此緊密共生的情形下，跛腳、矮化、躊躇也成為不斷循環的慣性。

如果你也處於像以上這幾個故事主角的情境中，親愛的，其實你可以好好問自己：當我迎接挑戰、自我實現時，我相不相信愛依舊存在？我相不相信我就是那個

被愛著的個體?

療癒時刻

針對剛剛的提問，如果你的答案是猶疑甚至否定的，那麼，身邊的人也許並沒有給你相對應的安全感，讓你可以自在做自己。但你可以思考的是，你能不能在成長的同時，依舊愛著身邊的人?身邊的人給予的阻抗，可能更多是出於分離焦慮，擔心你飛出去後，還會記得回來嗎?當你的世界變大了，你心中還有他們嗎?

始終，人都害怕被忘記、不被需要，因此用老舊的方式把彼此牢牢綑綁，用情緒限制彼此發展。但當你懂得去愛，愛渴望成長的自己，愛渴望被愛的他人，你會發現這些並不衝突。

04

完美主義

也許你心裡住著一個不容許犯錯的孩子

Amber 是個工作能力很好的女強人，習慣將所有事情都做得盡善盡美，對自己跟下屬的要求很高，而她也將事業經營得可圈可點，反倒是家庭生活充滿各種挑戰。

那天她告訴我，跟先生相處多年來，她總覺得先生挑剔，但每次問先生究竟不滿意什麼，先生卻覺得她反應過度。

最近一個導火線是，她想嘗試用新鍋子煮燉飯，但先生上次吃過她煮的南洋風味燉飯，覺得不夠入味，嚼勁也不太適中，所以就說了句下次換他來下廚。但她求好心切，想著先生下班晚了，要煮一鐘頭的飯，時間不就拖更晚，不如再找新食譜，看看能不能改善。可惜，這個「挑剔」的先生，沒有任何肯定與稱讚，最後依舊挑剔地說，下次還是讓他煮吧！她沮喪地哭了，先生看著她，心裡卻想著「又來了」。

經過幾次諮商後，她終於看懂先生的「挑剔」從來就不是針對她這個人，甚或她的廚藝，只是就事論事想吃一頓讓他心滿意足的飯；先生也不曾要求她的廚藝要多精進，也很樂意承擔起煮飯的職責，因為挑剔的吃貨總是要自己想辦法滿足口腹之欲，而她先生就是這套哲學。

然而在她心裡，卻住著一個不容許「犯錯」，或者不容許「不夠完美」的孩子，總是著急著把事情做好獲得他人肯定，總是努力為他人著想，卻經常白忙一場。

原來她內心真正渴望的是，在忙完一餐後，先生會感謝她為人著想，稱讚她不斷改善料理的用心，但寡言的先生雖不曾批評過 Amber，卻也不太會稱讚人。

看懂這樣的自己後，她終於有股釋然，原來自己之所以習慣負面解讀他人的話語，是因為她有個總不滿足的母親，難以取悅、難討好，因此她對別人的「不滿意」格外敏感，覺得那是在說自己做不好、很糟糕。

當 Amber 心疼地看向心中那個害怕犯錯的孩子後，她終於學會放過自己，也終於可以肯定自己——原來自己已經走了這麼長的路，做了這麼多的事，而始終最無法喜歡自己的，是她一直難以相信那個不曾滿足過媽媽的女兒，是個夠好的存在。

她才意識到自己被「好女兒」與「好太太」這些詞彙深深綁架，只要面對母親或面對先生不滿意的表情，就會胃裡翻攪地焦慮起來，深怕自己又要挨罵被嫌棄，而搞得她不自覺地在婚姻裡就是低先生一等，也下意識地想要侍奉或服務先生，把先生也弄得彆扭。

這種低人一等的感受，原因就在於 Amber 看待自己的眼光，困在那個害怕犯錯的孩子的時空漩渦中，讓她看不見自己在婚姻裡的地位，也體會不到自己為家的付出早就成為不可或缺的存在，忘了自己其實是資源雄厚、可以讓人尊敬的女人。

內在空洞，渴求填補

Amber 的完美主義，讓她容易過度解讀他人對自己的評價，而在我的實務工作中，很多人都以為做到完美就能擁有自信，但完美主義才是真正讓你難以成為自信自己最大的絆腳石，因為你太需要完美糖衣來包裹不夠好的自己。

打著完美主義的旗幟來說服自己有很多事情做不到，甚至非常容易拖延，常在做事時游移不定、來回反覆，導致難成定局。或者經常不滿意自己的作品或專案，反覆修改卻也不知道什麼程度才夠好？導致自我懷疑心裡究竟有什麼破洞，怎麼努力這麼多、填補了這麼多，依然填不滿？

不知道你有沒有「衣櫃裡有吃衣服的怪獸」這樣的想法？女生常感覺「衣櫃裡永遠少了一件衣服」，於是經常買不停。但買回家放進衣櫃後每件衣服你都喜歡嗎？都穿出去過嗎？

也就是說，當你並沒有喜歡自己，經常對自己有很多否定，例如覺得自己的髮質不夠好、身型不夠好等等，無論外在還是內在，對自己打了許多「×」的時候，即使店裡的衣服被你買回家，變成「你的衣服」或「你的擁有物」，當你「真正」擁有那個東西後，你反而會覺得那個東西不是那麼美好。

這種不停扣分的心理歷程，我相信很多人都經歷過，原本感覺很棒的老闆、伴侶、服飾，總是在某個時間點後每況愈下，甚至會開始後悔自己的選擇，或搞不懂自己怎麼一開始會喜歡。

我也經過類似的歷程，還記得有一段時間我很不喜歡自己，很可怕的是，愈不喜歡自己的時候，就愈覺得外在不能太樸素，而開始買很多高級名牌貨來妝點自己，以至於在愈不喜歡自己的時候，就會買愈多東西。

因為不喜歡自己，就會感覺內心空虛又空洞，更需要「填補」。而這股內在黑洞感，讓自己不把解決每一個生活的挑戰當一回事。例如終於交出了專案內容、或考上駕照、或協助客戶解決困擾等所帶來的成就感與喜悅感，都因不喜歡自己而灰飛煙滅，甚至總有辦法看到各個可以挑剔的地方。

在還沒得到這些好事、好東西之前，你都覺得能達成這些事、得到這些東西很不錯，但在擁有了之後，這些覆蓋在你的所有物概念下的東西，卻都變得不好了。

何為你的所有物？其實就是與你有所關聯的，包括你的家庭、你的同事、你的老闆或是你的愛人等等，有時候你就會在不自覺的情況下開始對他們有所挑剔，認為他們哪裡不夠好。

因為你的內在隱微地感覺：「如果我夠好的話，你們為什麼會選擇跟我來往？」、「如果我夠好的話，你們怎麼會想要跟我這個不怎麼樣的人一起工作？」即使你其實非常想要獲得他人的肯定，但你所發出去的這些訊息，或是跟人相處的時候會不自覺地批評、嘲諷、嫌棄、不以為然，難以對身旁的人尊重、欣賞、感謝，會在人際互動中出現負向循環。其他人也在跟你互動時變得沒那麼開心。不太欣賞自己，甚或自我懷疑，這些都將回饋到你身上，讓你感覺到周遭滿滿負能量。

需要完美的糖衣來包裝不堪

像這樣經常不滿足、經常挑剔，甚至對於很多事情都認為要修改到完美狀態的人，我都會形容他們是需要穿著一個完美的糖衣來包裝自己。究竟想要包裝什麼？其實就是要包裝過往的破碎與不堪，就像 Amber 要包裝著容易犯錯的小女孩，而我則是企圖包裝著小時候常被取笑「醜小鴨」的小女孩。

我的家族流傳一個笑話，當媽媽生下我的時候，我的皮膚又紅又粗糙，加上毛髮不均，外婆第一眼看到我這個小嬰兒，便跟媽媽說：「妳是不甘願生嗎？生這個這麼醜！」

雖然外婆跟母親感情很好，無心說了句玩笑話，但這個被笑醜的印記，卻在我身上烙得很深，加上我小時候鼻頭上有顆痣，讓我在小時候對外表極其自卑，也因此從我有印象以來，就需要穿漂亮的衣服，想像著美麗的外衣可以讓人將注意力從我的臉上移開。

青少年時期更慘，「痘痘妹」這個詞總是如影隨形，讓我變得性格古怪，容易禁不起玩笑就開罵，搞得很多人都怕我，卻愈喜歡在背後取笑我。

曾經有位占星老師跟我說，每個人的星盤都彰顯著你個人的執著與難過的關卡，也會搭配著流年和行運去磨練你每一個特質，來提升一個人的生命狀態。他告訴我：「當一個人愈在乎那張臉，通常是愈在乎自尊的表徵，也是你人生的執著點，而你的生命就會有各種安排來磨練你的自尊，直到你對那張臉放手。」當時的我聽得似懂非懂，還在跟折磨死人的痘痘奮戰，畢竟經歷過「體無完膚」階段的自己，就會像前面所述，需要美麗的外衣包裹著「碎片」般的自己，那種痛苦、自貶與各種該做的都做了卻仍不見效的挫敗感，每天都席捲我的生活，沒有一刻得以喘息。

我在二十多歲該是青春洋溢的階段，還被恐怖的膚質困擾，甚至一度懷疑起是不是一輩子到老，都必須長成那副德性。就在我開始正式走上諮商工作，那股嚴重的困擾才慢慢褪去，我的皮膚不再滿目瘡痍。但我想最重要的，是走向「正道」的我，開始知道自己是誰，開始在職涯上感受到被祝福，也感受到力量，我漸漸喜歡起自己……。

療癒時刻

不論其他人曾經以什麼樣的眼光定義你，你都能重新定義自己。從此時此刻開始，你的重新定義，將改變你人生的途徑，因為你改變看待自己的眼光，也就改變你的行為跟思考模式。

若此時我依舊帶著醜小鴨的視角看著自己，我會看不見其他人對我的微笑，我會看到訕笑，因此戴上敵意的眼鏡面對世界，甚至嫉妒一切美好人事物；但若我帶著具有個人風格的視角看向自己，我會看見其他人的風格，我會感受到被讚賞，也懂得欣賞他人。

在每一刻的當下，去感受你的念頭，去感受你的心情，當下，你就能放過自己。

05

不值得被愛

遺忘了愛自己，開啟寂寞的迴圈

Linda 一直以來都有留學夢，總覺得需要有海歸的學歷來讓自己看起來更稱頭，但當 Linda 談起留學的經驗時，眼淚卻無法停止。

聽她描述，她留學時每天都過得很焦慮，常搞不清楚到底在學什麼，教授也覺得她做的東西很糟，甚至念了幾個月才知道，她選的科系跟原先想的不一樣，她必須回台灣再想辦法補學分。加上沒有朋友、沒有期待中的戀情，以及同學口音太重無法跟他們社交，她每天都在自己想辦法搞清楚狀況，每天扛著一堆書要念，卻怎麼都念不進去。雪上加霜遇到新冠疫情，學校關閉許多設施，更讓她懷疑出國到底值不值得？

「真的有好多挑戰，也有很多出乎意料的事情。」我回應著。「對，家裡的人也不能理解，我當時也很難交朋友，什麼事都自己來，每天都睡不著覺，我到很後來才知道可以尋求學校諮商的幫助。」Linda 繼續說。

「你經過多久的焦慮才開始求助呢？」我問。「一年多吧！等我快覺得安頓好跟適應的時候，我也差不多要回台灣了。」Linda 說著。

遇到難題，多久會開始覺得需要求助？一週？一個月？三個月？還是跟 Linda 一樣跟這個困擾奮戰僵持了一年多？

愈認識自己的人，愈懂得自己的限制，愈能為自己找到適合的資源。缺乏自信的人，會覺得尋求協助是一種羞辱，代表自己太差，才會需要別人協助；或者會有「我不值得被愛」的信念，覺得就算求助也不會有人想要幫忙自己，所以容易埋頭苦幹，被同個困擾困住大量的時間跟精神，生活狀態每況愈下。因為每天醒來都要為同一件事奮戰，因而過得愈來愈挫敗、失去信心，也會沒有心力去處理更多事情。

我在聽了一段時間 Linda 的痛苦後，一方面看見她有不值得被愛的信念，一方面我也忍不住好奇，怎麼 Linda 有一種趕鴨子上架，急急忙忙就飛出國的感覺？

「決定留學是個非常重大的人生轉折，當你決定要去的時候，你知道你需要些什麼嗎？」舉凡要住哪裡，有哪些人際資源，包括還在那裡的學長姐、校友會、華人圈，學習出現問題要聯繫哪些行政單位，這個科系念完之後的就業環境跟資源等等資訊，我好奇在去之前 Linda 都有幫自己鋪好這些讓自己安心的墊子嗎？結果 Linda 聽到我的提問，露出迷惑的表情，似乎發現自己沒有太多心思放在前置作業上。

「是不是很希望透過留學來改變你的人生呢？聽起來這個學校讓你非常失望，原本你對它期待很高，你或許覺得離開台灣來到國外，你會獲得新生，生命有了新的救贖，但卻沒想到把你推入另一個地獄中。」Linda 聽了眼淚不停地掉下來。

「你很著急地打包自己，逃難式地離開台灣，卻遇上一場你根本沒準備好的災難，我相信那感覺是非常折磨的。你可以告訴我，你在努力逃離的，是什麼嗎？」我繼續問著。

Linda 一直掉著眼淚，似乎也開始重新理解自己的經歷，原本她不停怪罪那個災難般的碩士學位，但後來稍微冷靜重新思考自己的選擇，為什麼當時的自己會一股腦兒就跳進這個學校？還是因為當時的生活太難以承受，於是過於不切實際地美化國外生活？

只想以想像的未來逃離現狀

「我在台灣的日子，每天醒來都要面對我媽媽，這讓我很難受。她從來就不快樂。我念大學時，她常覺得我念的大學很不入流；我後來也在百大企業工作，她只會碎念這種學歷去那家公司遲早被淘汰，說我比不上其他同事，甚至覺得生下我這女兒根本丟臉。」Linda 描述起跟母親的互動，不難想像那顆心被撕裂成碎片的感受。

「我記得小時候，只要那天晚上爸媽吵架，媽媽就會來我房間睡，爸爸就會出門。一旦聽見關門聲，媽媽就會開始數落我，甚至開始捏我打我，覺得為什麼我要出生，讓她一輩子被綁在這個家受苦，我只能無聲地哭泣，祈求媽媽累了可以趕快睡覺，好幾個夜晚我一直在發抖，也不知道怎麼睡著。」Linda 的故事很讓人鼻酸。

那個在暗夜裡，縮在床邊的小女孩，不曉得自己做錯什麼，只曉得自己根本不應該存在，她應該消失。這種「被消失」的感受，也體現在她的人際互動中，她習慣隱藏自己，壓抑自己的需求，總是苦撐到最後一刻束手無策時，才拖著痛苦與疲憊尋求專業的協助。

是的，她想逃離母親。但 Linda 最大的痛苦是，她以為飛越了半個地球，母親鞭長莫及，難有任何監控，沒想到當她在國外經歷著挫敗和不順遂，母親那陰沈的眼神和晦澀的語言依舊像如來佛的五指山，鎮壓著她的思想，箝制著她的呼吸。

她每天都在思想搏鬥，一邊是在國外的自由靈魂，告訴自己來到海外就該自由自在地談戀愛、四處旅遊，一邊是來自陳年老舊的低俗詛咒，批判自己花大錢又一無所獲，不論在台北或海外依舊一無是處。

有時候，當現實痛苦到難以轉圜，我們會想逃離現狀。Linda 想透過留學來逃離家庭，也為自己掙得成就來翻轉人生，有些人則是透過結婚來離開原生家庭。但逃難式的離開，會迫使人戴上美化的眼鏡，說服自己未來之地的各種美好跟可能性，而忽略了當中潛在的風險，例如，未來新選擇是否真適合你，你是否真了解自己？你在當前不解決問題、不釐清挫敗的來源，去到任何地方都可能一樣解決不了痛苦，甚至更糟，因為你可能在適應新選擇的過程裡就耗費掉大量心力。

在諮商一段時日後，Linda 開始意識到原來她身上帶著大量來自母親的憤怒語言。她的母親因為不被丈夫所愛、心碎傷心，將大量不被愛的憤怒投放到 Linda 身上，Linda 的心靈因此承載母親那心碎妻子的陰影，而長期懷疑自己的價值。當 Linda 仔細回溯生命，發現自己人生每個階段都在這樣的心境下，如此戰戰兢兢。

很多人身上的不自信，有人以為是遺傳，但其實是經年累月被洗腦——沒自信的父母，複製了自己的思想貼到子女身上；撰寫悲情劇本的家人，不自覺地也讓周遭的人跟著演起了寂寞。

長期與母親相依為命的女兒，最容易受到母親情緒與思想的影響，也最難真正跟母親分離，不論是物理上或心理上。因此 Linda 出走去留學，是極具勇氣的展現，但也是在異鄉的深刻痛苦讓她真正看懂自己內在與母親思想的強烈混淆，而開啟了自我探尋之路。在開始區辨身上的感受哪些是來自母親後，她感覺到前所未有的釋然。

療癒時刻

真切地相信，你跟父母是不同的個體，你的人生不會再次重演他們的悲劇。你隨時都可以問自己，當你感覺不被愛時，你有沒有能力安撫照顧自己的情緒，而不是將痛苦繼續複製給你的下一代。

當你能夠愛自己，就更能吸引愛你的人來到身邊，你不會因為渴望被愛而勉強自己待在不快樂的境地，你能更有覺知地辨識其他人對待你的真誠或用心與否。請將愛自己作為長期的自我練習，練習去喜歡你生活中發生的各種小事；去欣賞跟享受自己做的每個決定；去陪伴自己經歷決定的後續一切；去肯定自己感受到的舒服與不舒服；去正視身心出現的各種提醒，包含你身體的疼痛跟情緒的煩悶，去照顧、回應與安撫這些不適。如此，你會感受到生活愈來愈能被自己掌握，而不是過度仰賴他人或逃離他人。

06

自我否定

當你業力充滿，到哪都是否定自我的地獄

「當你業力不夠時，就算地獄在你面前，你也看不到」，這是從 YouTube 頻道《文昭思緒飛揚》上所聽到，且讓我印象十分深刻的一句話，它講述一個人類在睡著時被抓去當鬼差的傳奇故事。

故事中，主角在當鬼差時會將即將死去的靈魂帶走，而當他將靈魂帶到冥府時，主角好奇地問了衙口的其他差使：「冥府裡是否真有傳說中那些刀鋸的可怕刑具？」其他差使點了點頭指向衙口旁，說刑具就在那，但他左看右看，卻只看到一團黑霧。

這個故事告訴我們，當你不具備看見地獄的業力，對別人而言是地獄的場景，

你將無法感受到它的存在。

或許你會對開頭所講的「業力」有所疑問，業力的概念說穿了就是我們「身口意」的總和，也就是我們的行動、我們講出來的話、以及我們的意念的結果，曾經自己種下的因，在心裡開花結果。而當業力的概念放在心理學當中，我就會簡稱它為心理陰影面積，你生命裡帶給你陰影的事情，自然容易在生活中實現這樣的劇碼。

我來跟你說個「業力充滿」的關係案例。有個女孩告訴我，她有次跟男友吵架的場景。一般來說她男友會在早上九點左右出門上班，但當天她八點半打給男友時，男友說要準備出門了，她第一個反應就是憤怒地破口大罵：「你是不是昨晚去哪裡野了沒有回家！」男友則是一頭霧水，但因為太趕著要出門因此草草掛電話，沒時間跟女友溝通。

等男友終於在台北的車陣中脫困，進到辦公室稍微安頓後，才想起剛才生氣的女友，趕緊打電話給女友解釋，因為老闆臨時要求他準備資料給客戶，他只好提早進辦公室。女孩聽了「喔」了一聲，反問：「那你幹嘛不說清楚就好！」男友委屈地回應：「就跟你說沒事啊，早上又這麼趕著出門。」男友真正不懂為什麼女友要生氣，完全搞不清楚自己做錯什麼。

這個故事裡的業力或心理陰影在於，女孩對男友的不信任。也就是女孩可能經歷過男性的背叛、關係的背叛，或者深信全天下的關係都不可靠，這樣的思維就成為一種經驗框架，也就是看事情的視角。因此，在那一通八點半的電話聽到男友非預期的反應，觸發女孩心中的不信任感，而讓女孩的感受瞬間墜入地獄中。

當男友說「就沒有啊，想這麼多幹嘛！」女友會覺得：「你看，你這樣說就是不在乎我！你為什麼要不耐煩！」男友沉默以對，女友這時怒火更旺，質疑不說是不是心虛了，到底背著她做了什麼事？

這樣的互動會導致這段關係充滿風險，因為經常在高度張力中，男友經常無法預測女友什麼時候會不開心，女孩則是更容易被激發不安全感，覺得為什麼男友減少跟自己的互動，是不是不愛了？是不是不在乎了？而導致關係進入惡性循環。

但是，究竟誰才是將自己推入地獄的人？誰才能將自己從地獄中救出？其他人又是否會在八點半的電話裡，跟另一半口角衝突呢？

隨時會被拋棄的陰影

經常在互動中身陷地獄之苦的人，往往會認為錯在別人，就像女孩認為是男友沒說清楚害她誤會，而不像多數沒有業力纏身的人，可能會有的反應：「今天怎麼特別早？要趕工嗎？」很多業力充滿的人，都無法理解為什麼自己的感情經營得好累，對方也好累？為什麼別人的感情關係看起來又輕鬆又甜蜜？其實真正的差別就是少了陰影的心靈沉重感。

因為有被背叛的陰影，視自己為一個隨時會被丟掉的個體，所以對方出現與平時不同的舉動，就覺得與自己直接關聯。這股在關係中的不自在與沒自信，隨時氾濫。

所以，你的經驗框架決定你怎麼互動，也決定你是誰，也決定你們關係大部分的走向，當然也影響你的情緒穩定度了。一個再怎麼有自信的人，如果午夜夢迴時總在孤獨的角落裡感到哀傷與嘆息，又能在情感中展現多少自信？

我常舉一個例子是，如果你走在路上時常會對他人品頭論足，表示你的生活經驗裡已經儲存了非常多「批評」的意念。試想一下，今天換做有個人在路上對你上下打量一番，這時候你的感覺會是什麼？你會不會覺得對方對你今天的打扮有意見？你會擔心被批評，還是你會因為感覺到被批評而憤怒，這其實就來自於你有過相關的業力，進而投射了你的感覺。

自我覺察很重要，因為在看見、觀察與反思的過程中，突然會發現對自己的生命愈來愈瞭若指掌，就能知道原來因為曾有過這樣的經驗，所以會這樣去看待事情；簡單來說，認知結構與生活經歷影響了我們如何看待世界。

曾經有個導演拍攝了歐洲貴族的生活，包括文化禮儀、高級建築、歐式盛宴、品酒等，這位導演將這部電影帶到一個非洲部落裡播放，放完之後，他問那些觀眾看到了什麼，或對哪些畫面有印象？結果那些部落土著回答：「我們看到有一隻雞跑過去。」感到疑惑的導演回去將電影慢速播放後發現，當電影裡播到一群貴族正在敬酒聊天時，真的有一隻雞跑過去，而那個畫面不到三秒鐘，但因為雞是當地土著生活中的必需品，所以他們只注意到雞。

同樣的狀態回到你身上。或許你對老闆或客戶做簡報的時候，儘管報告的過程行雲流水，老闆或客戶最初的評價也很正面，但最後對方說了一句：「我覺得這個部分可以再想想。」也許只是一句模稜兩可的話，可是你一聽到就覺得那是一個批評。接著，當有人問你簡報結果如何時，你很有可能就會直接想到那個你最熟悉的「批評」或「否定」的語言，然後回答說：「老闆（客戶）好像不太滿意……。」

這和你生活中的經歷像嗎？如果你就是如此，你就要回頭不斷地想，會不會那個不斷損害你自信的東西，就是你思考的本質，進而導致你只選擇看見負面與否定？

如果你本身是個沒有自信的人，你在生活的各方面很可能會容易感到焦慮，而長時間都在很焦慮的情況下，就會使你的關注力限縮，最後放大所有讓你感覺自己不夠好的焦點。

你的內在也許長期有股讓你失去自信的聲音，很可能是「你不值得被愛」、「沒有人會欣賞你」，而讓你在情感、工作上，總覺得岌岌可危，稍有不慎就會失去一切。而此時的你，看見這深刻烙印在你身上的業力時，你要覺察到它容易引發你在互動中恐慌。而安頓自己的方法則是，提醒自己那是錯誤且過時的警訊，那是僵化地認識外在世界的方式。這外在世界有多元向度，很值得自己多方探索。

療癒時刻

當有人的行為引發你的不舒服，而其他人可能覺得你過度反應時，停下來問自己：「是什麼樣的過往、業力、陰影，讓我有這麼強烈的連結？」這些生命中反覆出現、讓你不舒服的人事物，都是療癒自我的契機，提醒著你內心深處依舊隱隱作痛，告訴你過去並沒有真正過去，還像如影隨形的鬼魂糾纏著你。

覺察之後稍停一會兒，接著帶自己有方向地前進。溫柔地陪伴自己，理解過往，你將有機會不再重複實踐內心的陰影，而締造不同的未來。

07 蓋牌的人生

失落感

M以前小學畢業得市長獎，同時是老師同學眼中的模範生，在學校沒有人不知道她是誰。那麼小就是風雲人物的M，在順風順水的小學階段，覺得自己超級厲害。

進國中後，M跟母親鬧起家庭革命。母親堅持跨區把她送進更厲害的明星學校，但M原本的朋友群都不打算跨區就讀，母親不打算跟M溝通討論，認為M的兄姊也曾念過那所明星中學，也因此考上前幾志願，不論M哭鬧、冷戰，母親自始至終都沒有鬆動的意思。

後來M只能聽話去上學，既然就像媽媽說的，兄姊都有了好成績，也許也該相信這安排。但她心裡的痛苦依舊難以過去，不被理解、不被聽見，被迫與熟悉的環境和朋友分開，對一個少女而言，都有難以表達的難受。

上了中學後，M一開始也努力融入，但第一次月考後成績出爐，想要認真念書的M卻考了二十幾名。看著前幾名的同學神采飛揚地被表揚，她發現原本專屬於她的光榮時刻也隨之消失，她在這個來自各區優秀同學的面前，只是個平凡無奇的角色，沒有人在月考後跑來對她喝采，沒有老師另外叫她到辦公室幫忙，沒有同學會私下請教她功課……。第二次月考後，成績一路滑到三十幾名，最後一次月考，幾乎墊底。M從天堂跌落凡間，沾了一臉泥濘。M決定讓人生蓋牌。

她愈來愈難專心學習，也變得愈來愈暴躁易怒，她開始相信自己根本什麼事都做不了，小學時期那股相信自己什麼都辦得到的自信，早蕩然無存。她母親開始著急了，更強烈逼迫與催促M。但在深刻絕望的M好幾次拿刀劃傷自己後，母親怕再累積M的負面情緒，停止了所有對M的要求。

一晃眼十五年過去，三十歲的M在社會期待的而立之年，卻沒有固定的工作，剛從國外打工度假回來。而在這之前，她還跟父母要了十多萬去遊學跟學習外文，父母縱然百般不願意，覺得浪費錢對生涯沒什麼幫助，也不認為M真心想發展自己的語文能力，但畢竟從多年前就不敢要求M，所以也只能對M的行為無可奈何。

M覺得這些都是家人造成的——是強勢的媽媽親手毀了自己的人生，而兄姊則是爸媽重視升學主義下的幫兇。她認為哥哥姊姊之所以可以順利得到好成績，是因為他們以前就在同一學區就讀，早就習慣那個環境，根本沒有升學後人際適應的問題，跟M當年的處境截然不同，所以M也理所當然地責怪兄姊，覺得他們應該資助自己生活費。

蓋牌後的M愈來愈消沉，也愈來愈放縱，流連在夜店，甚至因為認為不會有人喜歡如此靡爛又沒什麼成就的自己，嫉妒兄姊工作順利不斷加薪、升遷，還感情美滿，所以對兄姊的感情搞破壞、挑撥離間，搞得兄姊都差點要跟另一半分手。

M活在受害者狀態中，認為自己的人生被迫害，導致生活在不喜歡的結果中。

M對自己的認識停留在那沾了一臉泥濘的自己。她切斷小時了了的自己，長時間活在灰暗狀態，也就是長時間以一臉泥濘的自己來面對人生，這也是她對自己最真實定義的狀態——充滿挫折的、不起眼、不厲害、怎麼努力都沒用的自己。即使她接下來的人生，有幾次稍微振作一點，想要往前跑，這個一臉泥濘的模樣，卻又陰魂不散地纏困著她。即使後來她交了男朋友，仍整天惶惶不安，擔心哪一天男友認清了真正的她，必定會拋棄她，頭也不回地離開。所以兩人交往沒多久，M就主動提分手，讓男友一頭霧水。

人生失去彈性

M的自我破壞力之大，不僅破壞周遭人對她的信任，更消磨家人對她的愛，但她無法克制地繼續破壞。一個人的破壞力驚人，也意味著曾遭受傷害的痛苦如此巨大，但沒有人能理解當時的感受，於是自己也背棄自己。

「小時了了，大未必佳」也許在M身上已然應驗，那是因為她持續用中學時期看待自我的眼光，而不是用小學時期看待自我的眼光，在看待她的人生。

有這樣蓋牌心態的人，不在少數。一旦人生經歷挫敗，或者第一次遭遇重大挫敗，有人會因此完全改寫自己的歷史，覺得過去的輝煌不過是場騙局，一敗塗地才該是自己真實的樣子。

蓋牌的舉動是對人生的習得無助與無能為力，也是一種強烈失去後，痛苦地放棄掙扎。M的自我破壞力巨大，當然也帶著強大自我厭惡感，使得她難以願意重新看待自己。

「蓋牌之後的生活，會不會很寂寞呢？」我頓了下。「感覺都沒有好牌可以出的感覺，一定很糟吧！而且這個感覺，似乎說了也不會有人懂，也許媽媽也只會覺得你只是耍孩子脾氣，卻無法體會你心底的難過、痛苦。」我問M，「有時候會想念小學的輕鬆快樂嗎？還有那股榮耀感？」M點點頭，淚水奪眶而出。她真的不需要更多人告訴她，她的人生究竟「應該」做些什麼。她需要的，就是願意好好聽她說話，理解她曾經歷的巨大失落。

她失去快樂的童年，失去熟悉的歸屬感，失去在雲端上驕傲的姿態，失去那自信滿滿的動力，其實她也失去了她最信任的家人，更失去了愛人與愛自己的能力。當痛苦沒有被充分地理解與接納，就會吞噬一個人身上曾經擁有過的各種美好。

而人生最需要有的態度，是有能力「彈性」看待自己，知道挫敗也是自己，光彩也是自己，如此才能幫自己找到適應環境的方法，或者擴展新技能，而不是偏執在「我永遠一臉泥濘」的自我認識上。但要鬆開這股偏執，必須要能跟那一臉泥濘的自己和解，而不是任由泥濘的自己，張牙舞爪地占據人生主導權。

而通常與這類型的人工作，必須幫助他們卸除層層自我守護的關卡，才能真正碰觸他們的內在，因為在他們心中，「我永遠一臉泥濘」的腳本一旦定案後，就不容許其他人隨意竄改，即使他的生命不斷重複痛苦。

「想起中學的自己，會為自己難過嗎？」看著一直擦拭眼淚的M，我問著。M輕輕地點點頭。當有人說出她的內心感受，她原本對自己的厭惡與排斥，就會悄悄改變；當她不再與自己的內在抗衡，不再批判自己，對身旁他人的排斥與阻抗自然能夠降低。

也許M有時候陷入受害者情結中，會憎恨家人對自己不公平的安排，但痛苦與不如意的人生，也讓M經常自我苛責：

「你就是不夠努力啊，每天耍廢要怎麼跟得上大家？」

「你終於看清事實了吧！以前隨便考可以第一名，也不過是因為你沒遇到強手！」

「不過平庸之人泛泛之輩，還敢這麼驕傲，想起來都覺得好笑！」

「一個考試就可以把你打趴，你的人生還有什麼好說的？」

陷入泥濘之境的人，對自己的羞辱往往也不留情，所以M根本不需要其他人來告訴自己要怎麼做，因為她早已把自己批評得體無完膚，當然也不難理解M身旁的人究竟對她有多著急多擔心，逐漸陷入一種順著她也不是、指導她也不對、責罵她就更慘了的兩難境地。

「父母都在等著孩子道謝，孩子都在等著父母道歉。」這句話說盡了兩代相處的隔閡。M的母親一定認為自己是為了M做最好的安排，也相信M年幼無知，日後必然感謝自己費盡心思的一切安排。而M則是一直在痛苦中煎熬地等待著哪一天母親可以真正知道自己做錯事情，願意悔改不再強勢安排她的人生。她們母女倆在學業的煎熬中，錯過彼此，很可能會繼續錯過下去，形成家族中巨大且難以弭平的陰溝。

若你問M，她究竟要什麼，想怎麼樣？大部分蓋牌的孩子，根本無法回答這個問題。因為蓋牌就像是人生進展從那一刻停止了，後面的人生就像開啟自動導航模式一樣，失去清晰的方向、清楚的覺知。

「那你要回去看看她嗎？好像不太有人理解她的難過，妳理解嗎？」我問M。

在談話中，我幫助M逐漸堆疊出她對自己狀態的認識與重新理解，她開始用新的視角看待自己。

「妳想怎麼表達對當時自己的心疼呢？」我繼續說著。

M難過地搖搖頭，說不上話。大部分人在療癒自己時，常常不知道該說些什麼，面對自己又熟悉又陌生的過去，彼此寂寞地相視。

「那你告訴她，我看見你的孤單、難過，辛苦你了，這些年來一定很不容易，我知道妳很努力表達妳自己，可惜沒有好好被聽見。妳一定覺得很委屈，一下子感覺自己失去了很多，妳熟悉的環境、熟悉的位置，太多陌生讓妳難以適應。」我帶著M對自己說話。

M開始說了之後，流了更多眼淚。「妳可以接著說，我很抱歉妳經歷這些，我也知道妳在等其他人跟妳道歉，很遺憾妳一直等不到。」M一直哭，一直哭。

我知道M心中跟人抗爭的盔甲逐漸融化，愛自己的力量逐漸從心靈深處蔓延。

療癒時刻

有時候倒栽蔥並不可怕，可怕的是在那一刻挫敗後，「失敗」成為你的代名詞，你開始用失敗定義自己，而忽略了過往的努力或稱讚，覺得人生就此跌落谷底。我們會放大挫折，其實是腦部機制裡，對於「不舒服」的經驗自動放大，警告我們有生存危險，因此自然需要提高警覺，而占據我們較多注意力。

但，人生的確會有時序，會有起伏，如何抓住低谷後的翻轉，最重要的還是那股對自己的相信，並且具備不被低谷的狀態給定義的彈性，那些過程是你的一部分，並不是你的全部。有時候，我們必須成為自己的內在父母，去跟自己的過往好生道歉。有時候我們要自己當清潔隊，帶著愛來療癒自己與清理自己。給「希望」一點注意力，給「相信自己」一點注意力，你的一點努力將能翻轉現況。

08

自我挫敗感

被挫敗感淹沒的內在小孩

我很常遇到來諮商的人告訴我，從小到大常常被家人罵「恨鐵不成鋼」，這樣的批評特別容易來自他們的父親，很常被爸爸嫌棄怎麼都做不好。

並且不意外地，有這樣成長經驗的人，滿大的比例是男性。這是因為華人社會往往對家族中男性的成就表現，抱著非常高的期待。某些時候，則是家族中的長子、長女容易承擔這個角色；但如果父母覺得長子、長女不成材，那麼家中其他能力較好的子女，就得承受來自父母的高度期待，成為「心理上的長子女」。

可是，從小就背負著「恨鐵不成鋼」這種壓力長大的孩子，真的能被激勵、奮發向上嗎？其實不然。這種激將法通常只會更強化孩子在生活中感受到各式各樣挫敗的感覺。

這股挫敗感最可怕的地方在於讓人覺得，有時候明明很努力，終於覺得自己可以重新振作，蓄滿了能量可以闊步向前，偏偏再一次遇到一個顛簸，那股源源不絕的挫敗感再度襲來，整個人又再一次被淹沒。

這樣類型的人是不是挫折容忍度很低呢？我會中肯地說，這個人的內在裡，其實是有著很強烈的自我批評的聲音，導致他很容易在面對挫折時一蹶不振。

除了挫折之外，令他們深陷其中的思維是，他們內在很容易做出固定形式的歸因，也就是當他現在正面臨顛簸、出現不順利，或者他在努力的過程當中，沒有在他人的眼眸裡頭看到肯定時，他就會覺得自己所做的一切通通都是沒有用的。

簡單來說，他們的內在早就預設了失敗，也就是即使他們做了再多的努力，一旦遇到了一些顛簸、不順遂，最後他們所得出來的結果還是「沒用」，他們認為自己就是那一個不成材的人、就是恨鐵不成鋼的狀態。

自我預言的失敗

當習慣以這樣的標籤往自己身上貼，看待世界的角度就會受影響，可能習慣性地放大「災難」，並且自己嚇自己而舉步維艱，因而更容易驗證失敗。

有些人會說這是一種「顯化」，也就是你內心擔心的，通通都來到你生活中。其實這也跟個人關注有關，當你一直有這層擔心，你的注意力就往那裡走。

Robin 告訴我，他覺得自己的人生像極了童話故事《三隻小豬》裡的二哥。還記得二哥是什麼樣的角色嗎？三隻小豬裡的二哥雖然不比小弟那麼聰明，但再怎麼樣比起大哥，做事情也勤勤懇懇，牠還努力地堆起了木屋，雖然最後木屋還是被大野狼推倒了。

Robin 覺得自己的人生就像這樣，他也勤勤懇懇地做事，可是為什麼最終結果總不如人意？他經常質疑，自己是不是永遠比不上故事中已經鍛鍊成鋼的第三隻小豬，可以一磚一瓦地堆砌出一個成功的結果？

在 Robin 的經驗裡，每當主管交辦一件事給他，他總是下意識地想：「我可以做好這件事嗎？我要小心不要搞砸！」在所謂的「顯化」過程，其實就是他個人心智的洪流裡，已經有自我懷疑跟自我否定存在。

前陣子，當他必須要聯繫客戶時，客戶因為太忙沒時間好好講，加上 Robin 有點緊張而辭不達意，讓客戶對他很不耐煩，這就種下 Robin 第一個災難感；後來職務上需要詢問之前經手處理的同事，但同事請婚假，接連好幾天都很難及時回覆訊息，又種下 Robin 第二個災難感；當他備感心煩的時候，偏偏主管又來詢問進度，看他進度緩慢，主管皺了眉頭，彷彿在說 Robin 辦事不力，Robin 幾乎要被強烈的挫敗淹沒，出現第三個災難感。Robin 瞬間炸裂，覺得自己根本是一事無成的廢才，並且也相信主管正是這麼看待他，接著直接請了三天假，讓原本已經有點急的主管，更覺得 Robin 此舉根本就不顧專案進度，一狀告到大主管那兒，這下子 Robin 在公司徹底黑了。

Robin 確實顯化了內心認為會搞砸的假設，但他沒意識到這一層一層在心中堆疊的挫折，讓他只專注在災難感受，以及實現「我就說吧！一定會這樣」的預言。他已經沒有餘裕思考，一個成熟的專業人士這時會怎麼處理，反而只專注地困在自己創造的地獄中。於是，悲觀真的帶來悲劇，也更加鞏固 Robin 的自我設定。

其實，退後一步思考，客戶沒空與同事不能及時回覆的狀態本來就常見，不必太過悲觀。可是對 Robin 來說，這個複雜的心路歷程在於，他為了避免發生災難，想找到任何預防的可能，但可惜在災難感受來臨時，他卻容易發生認知癱瘓，失去解決問題或尋求資源協助的能力。他會被過往「我就是讓人恨鐵不成鋼的廢才」的思維綁架，陷入懊惱與自責中。在鑽牛角尖的狀態擴大下，他只能無力地遵從這項設定。

接納失望的發生

我們不妨回頭想一件事情，人生一定要「成為鋼」才叫做人生嗎？會不會「成為鋼」是你以為人生唯一的真理、唯一成功的途徑，所以你會花一輩子的時間專注去成為鋼，結果你可能永遠看不到，其實你這一塊鐵本身就是一個夠好的存在？

當我們持續帶著他人的眼光看待自己，會讓自己顯得愈來愈渺小，能力愈來愈

薄弱，思想愈來愈悲觀。當你持續環繞在相同的悲觀、相同的絕望、相同的人際情境時，就須要意識到你舊有的視框已經限縮你的人生。每一次啟動的鑽牛角尖，只會將自己帶向死胡同，而讓事情愈往失控的方向發展。

我還記得一個有關蛋長毛，關於四顆蛋的對話。

第一顆蛋對第二顆蛋說：「我跟你說，第四顆蛋，它長毛耶。」

第二顆蛋立刻去跟第三顆蛋說：「天哪！你知道第四顆蛋嗎？它怎麼會長毛!!!」

第三顆蛋有點怯懦地轉頭對第四顆蛋說：「誒誒，你為什麼長毛啊？」

第四顆蛋翻了個白眼說：「什麼毛，我奇異果啦！」

請問，蛋比較好，還是奇異果比較好？

在人類的視角裡，如果你不過敏，基本上這兩樣都是很棒的存在。但在蛋的世界裡，奇異果就是奇怪的存在，卻從沒思考過本質是完全不同的物品，不過是外型某種相似罷了。

那麼，每一個長著兩隻眼睛一個鼻子的人類，都該是一樣的本質、一樣的模型、一樣的標準嗎？

療癒時刻

停止鑽牛角尖是我在上課或諮商中經常教學的一環。通常被啟動的鑽牛角尖，是思維被負面情緒綁架的現象。所以當你感覺你做錯事因而自責，當你感覺事情不如預期因而失望，等等這些鑽牛角尖前最容易出現的狀態時，不是順著思維往牛角尖鑽，而是要好好安撫情緒。

每當你被鑽牛角尖困擾時，可以透過「專注感受」來暫停腦中的叨叨絮絮。在環境中找到一個物件，細緻地描述它的外觀，給出三個形容詞，用心且專注地以視覺欣賞。也可以透過嗅聞精油，感受精油當中不同層次的香氣，給出三個形容詞，用心且專注地在鼻息感官。

在此過程你會發現，鑽牛角尖時，腦海中的思緒並不是在當下，而是陷入腦內風暴，因而有時會脫離時空。專注感受則是回到當下，感受環境、感受身體也感受自己，幫助你透過有意識的轉換忽略原本盤據腦中的東西。而你欣賞的東西、嗅聞的香氣，也會在你的用心體會裡，傳遞出正向情緒。

09 到哪都容易覺得格格不入

孤獨感

Hanna從小就有強烈的孤單經驗。她雖然有其他兄弟姊妹，但感情並不親近，大家各玩各的。而她媽媽個性陰晴不定，所以她每天放學回家時總是繃緊神經，趕快寫完作業後，就會在窗邊不停觀望，一方面偷看鄰居的孩子們都在玩些什麼，一方面也讓自己有多些的心理準備去面對即將下班回家的媽媽。

她不僅在家經常過得膽戰心驚，即便在學校也容易有這樣的心情，總是擔心說錯話，所以跟同學互動時經常話到嘴邊就吞回去；害怕別人不喜歡她，也覺得自己不討喜，不會有人想跟她做朋友，所以她總是看著班上成群的小團體玩成一片，心裡默默羨慕著。

即使成年後步入職場，她也容易覺得跟同事之間有疏離感。在高度競爭的職場環境，主管總是盯著她的業務數字，Hanna 被迫面對自己在人際技巧上的不足。

Hanna 不懂得如何去求助他人或尋找資源，也不太懂得如何跟同事、客戶打好關係。好強的個性使然，她乾脆開啟防衛機制，說服自己是因為個性直率，不懂得阿諛奉承，也不願意討好他人，才不像其他跑業務的同事一樣賺得盆滿缽滿。結果，她半年內都交不出成績，主管的耐性被磨光，她最後只好捲鋪蓋走人。

性格決定命運。每當我談到「孤單」這個課題，我總會請上課的學員描述一段他們印象深刻的畫面，這個畫面往往決定他們日後的人際形象，也就是他們成長後容易重現這個畫面。例如，Hanna 在幼年時是躲在窗後羨慕鄰居的孩子，學生時期是在角落羨慕都有小團體歸屬的同學們，出社會後則是在現實的壓力下，啟動防衛機制，透過貶低他人來掩蓋自己的不足。

複製孤單的負向三部曲生活

假如小時候大部分時間你總感受到獨自一人，沒有人陪伴你、沒有人與你互動，很有可能你的心裡住著孤單的內在小孩。成長過程中伴隨著長期的孤單感，容易讓你總覺得「掉出團體外」、「掉出家庭外」，而容易在團體中格格不入，容易手足無措，不知道如何融入他人。

在成人之後，很容易繼續複製「孤單的生活經驗」，因此孤單的心理狀態也就揮之不去。而這些人往往走向以下負向三部曲：

• **一部曲：孤單感帶來負向的「自我設定」**

試想，如果有個人在家裡本來就是眾星拱月的地位，自然會自我設定自己是有人喜歡、得人疼的。相反的，如果在家裡有被排除在外的感覺，例如個性跟家人不同，或其他手足特別優秀或特別體弱多病，父母比較少關注他，就容易產生被忽略、被邊緣的自我設定。

一個沒有被陪伴的孩子、無法排解的孤單感，很容易轉成失落感，開始有厭惡自我、質疑自我的反應，覺得是不是因為自己不夠好，所以不被團體或家人喜歡。

• 二部曲：對人際訊息過度敏感

一旦心中對自己生出「不被喜歡」的假設，就很容易假想環境不甚友善，或者進入新環境時會格外謹慎，特別是當沒有適時地感受到環境對自己的「歡迎」時，就很可能迅速關上心房，轉身離開而不願意去探索環境。

這些年來我帶領過許多團體課程，部分來參與課程的學生有孤單的人際經驗，後來他們會跟我說，他們在上課時會有很多內心戲。像是在上課時覺得老師沒有看他時，心裡就覺得這堂課老師上得很差，內容辭不達意，根本沒有針對主題在講述，內心有非常多批判，而在課程中「登出」。接著他們在進行活動時，開始有些「被動攻擊」的反應，刻意用不合作的方式來表達他對課程的抗議，例如在自我探索的書寫環節，一直在玩手機，或走出去講電話。

上課學員這樣坦白與我對談，對他與對我而言都很寶貴，因為更幫助我們理解彼此。但更多孤單者很難做到這些交談，更多的時候他們與外在環境互動時直接選擇中輟、退出、封鎖。

這也是孤單會帶來的另一種限制——當他們陷入自身的孤單時，會等著別人來救援，不會有能力去體諒他人，更沒有辦法活在當下，也就是不去認知到當下的環境或團體的限制；沒有認知到不是他跟團體格格不入，而是他先隔絕了團體的其他人，以至於覺得團體對他極不友善。

• 三部曲：習慣等待與難以連結他人的人際模式

孤單與負向自我設定的人，與他人之間的互動，最常見的現象有二：「習慣等待」與「難以主動連結」，因為他們總是害怕被拒絕，或總認為自己容易被拒絕。因此他們只能被動地等著別人靠近、邀約，或總是期待別人來喜歡自己或關懷自己。他們在「付出」與「理解他人」這一塊特別生疏，總是難以理解別人需要什麼，就如同他們覺得很少有人好好理解自己一樣；在孤單的痛苦感中，也讓他們缺乏對人的好奇與關懷，反而容易有索取照顧的狀態，因此與他人的關係經常很少有情感上的流動。

打破孤單感的迴圈

所以，若是經常感到孤單，並且一直循著既有的固定思維，基本上容易愈來愈孤單。

那麼，你是抱著怎樣的自我設定呢？我最常舉「小福星」或「掃把星」的概念，可以讓你重新思考，究竟讓你感覺格格不入的，是別人的行為還是你的心態？

簡單來說，抱持「小福星」心態的人，感覺很多人喜歡他、很多人把他捧在手心疼，自然而然會養成樂觀開朗的個性，因此遇到事情時會覺得有很多人來幫助他，事情很容易就能解決。而抱持「掃把星」心態的人，可能從小就覺得自己是掃把星，也許因為出生後就有很多的狀況，使得家人對他沒有好臉色，或是沒有時間照顧他，所以成長過程發生許多不順心的事。

現在不妨想像，小福星與掃把星同時進到職場裡，今天剛好星期五，同事說大家一起來訂個下午茶，結果同事卻沒有找他們一起訂，請問，如果你從小就是小福星，你會怎麼做？

當時我問了很多來上課的學生，他們都說：「應該就自己訂自己想喝的飲料吧？」我再請他們繼續想像「小福星」的客觀個性，他們思考了許久才說，那他應該會主動湊上去說：「我也要訂……」我回答：「對，但為什麼你們會覺得自己做不到這件事？」

是啊，真正的問題不是這些人訂飲料時沒有找你，而在於當你看見了這些人訂飲料沒有找你的時候，你內心會如何解讀？

邊緣人的解讀方式就會是「他們討厭我，沒關係啊，我也不需要跟你們太要好，以後要我幫忙門都沒有！」當你的內心開始出現這些知覺之後，你可能就會開始出現敵意、反抗，甚至是一些被動攻擊的行為。好比之後當有同事來找你幫忙時，你可能就會顧左右而言他，或是拖延不願意立刻回應對方等等，你心裡就是認定對方非善類。

所以，孤單的人久而久之，在人際互動上就會成為長期邊緣人，即使換了環境，邊緣狀態還是無法真正地改善。但很多時候其實要回過頭反思，自己究竟嗅到了環境當中什麼樣的狀態？會不會經常錯誤地解讀了環境當中的某一些訊息？甚至會不會很容易去扭曲訊息？

什麼叫扭曲？就像前面訂飲料的例子，當別人沒有找你訂飲料，你扭曲的想法可能就會是「我果然就是那個不討喜的人」，或者「一定是因為我今天早上到辦公室的時候沒有跟他打招呼，所以他不找我一起訂飲料。」你就會對自己的行為出現大量的解讀，認為是不是自己做了什麼事，才導致這樣的結果。

但也許對方從頭到尾只是因為跟你不太熟，看你平常好像也沒有在喝飲料，而不確定要不要找你；或是對方也是那種很害怕被別人拒絕的人。

簡單來說，重點在於你如何解讀事情。你需要回過頭來思考，何以我長時間都用這樣的解讀方式來定調自己，同時也定調別人？

療癒時刻

孤單的世界看似寧靜，但真實的內在往往是吵雜的，也是難以跟人分享的凌亂。如果你經常感覺孤單，不妨先整理自己，因為孤單也是跟自己的隔絕。

練習溫柔地對待自己，溫和跟自我對話與關懷，回顧自己這一週、一個月、一年的經歷，從中看見自己的付出與努力，好好欣賞一番。當你對自己的感覺不錯時，你會在輕鬆的狀態下，自在與人連結和互動，自然會多說幾句話，而不會總是環繞在沉重與低迷的狀態中。

小結　探索自我地圖1

我是誰？九軸向深度自我剖析

探討自信時，主要可以分為「主觀的認知」與「客觀的能力」，而主觀的認知指的就是「自我效能」的概念。何謂自我效能呢？自我效能是指我們對自己有多少能力可以勝任某一件事情的感覺。例如，你考多益的成績高達九百分，但你還是覺得自己的英文很差，這就代表你在英文方面的自我效能感很低。

因此，我們可以思考的是，當你的客觀能力經過評比過後已經是相當不錯的情況下，何以你的主觀認知還是這麼低？這也是我希望你可以不斷思考的問題，究竟你的自信是處於什麼樣的狀態？

我們所關注的自信議題，會是放在主觀認知的層次裡，也就是「自我感」，你的自我感到底是什麼樣的狀態？又該怎麼形塑出自我感？我將帶你就九軸向，慢慢把你這棵樹的樣貌描繪得更清晰。

請你在每個軸向都至少用十個「名詞」或「形容詞」來描述你自己。例如，我很容易與朋友打開話匣子、是一個古道熱腸的人；或是我是一個害羞的人、很容易在人多的地方感到焦慮等等。你可以試著用名詞、形容詞，也可以用情境的方式來描述，比如，每次我只要打電話就會感到很焦慮，或是面對鏡頭的時候我總是很恐懼。

現在，請你準備約四、五張空白紙和筆。

第一軸向，請你用至少十個「名詞」或「形容詞」，描述你的身體、外貌、健康狀況。例如：高挑、纖瘦、暴牙、額頭凸出等。

第二軸向，請描述你的道德觀、倫理觀，一樣請至少用十個「名詞」或「形容詞」來描述喔！例如：保守、對性別議題開放、重視墮胎議題、遵守規範、討厭教條等。

第三軸向，請描述你的人際交往特質。比如說，有些人會覺得與他人之間有如君子之交般淺薄，或是覺得大多是功利導向的狀態，這些關於你人際互動上的觀察和發現，都可以寫下來。

第四軸向，請描述你的人格特質。這裡我稍微補充一下，很多人會問人格特質是什麼？其實就像我很負責、誠實、忠誠或是善良，這些都是人格特質的一種。

第五軸向，家人眼中的你，以及家人與你的關係。請想一想，你的家人可能會怎麼描述你？是可靠的嗎？還是覺得你總是惹麻煩呢？而家人和你的關係又是怎麼樣的？是有距離的，或是親密的、溫暖的等等，把你想到的都寫下來。

第六軸向，他人眼中的你，以及他人與你的關係。用和第五軸向一樣的方式思考，但試著去想你的朋友、另一半、同事、老師等等，他們又會怎麼描述你，以及你和他們的關係又是怎麼樣的，把你想到的寫下來。

這幾道題目可能你會覺得有難度，也可能會有重複的答案，都還是先試著盡量填寫，你會發現，你的自我之樹的樣貌會愈來愈清楚。

再來，我們進到第七軸向，請你描述你的工作表現，一樣至少用十個「名詞」或「形容詞」來描述。例如：文書處理快、簡報能力強、外語中等、客戶關係良好等。

第八軸向，請描述你的日常生活表現。例如：整潔、有秩序感、凌亂或亂中有序等。

最後，第九軸向，請描述你的心理與情緒狀態。例如：樂觀、悲觀、容易沮喪、看得開等。

眼中的自己

接下來，我們一起看看你對自己的描述。請你將你寫的描述做標記，有哪些詞彙是正向的，哪些詞彙是負向的，請用不同的顏色標記出來。

如果你覺得有些詞彙是中性的，也請你額外用不同顏色標記出來。其實這代表你已經愈來愈有能力用中性的詞去描述自己的某些狀態，也有能力用欣賞的眼光去看自己性格的某些狀態，或是自我的某些狀態。

標記好了就請你算一算，正負向詞彙各有幾個？是正向形容詞比較多，還是負向形容詞比較多？想想看，你有沒有從中發現什麼？

你可能會發現，就算你有十個正向特質，但只要有那麼一個負向特質，你就會覺得自己不夠好。

這可以說是大腦的一種生存機制，一旦我們感受到不舒服，大腦的警戒系統就會發出訊號，引發我們的生存危機，所以，我們大腦的生存機制對於「不舒服」、「不開心」的事情，反應會比較大，我們對負面事件的關注力自然也會提高很多。

當你的警戒系統開始警示，你就會感覺強烈不安，而若這時候內心那股強烈的不安感沒有被安撫下來、沒有被理解或沒有被重新評估，之後這個不舒服的感受就可能會被你過度概化或類化。例如：有朋友說你的髮型是爆炸頭，雖然爆炸頭對有些人而言很時尚，但朋友的嘲笑反應，讓你覺得爆炸頭是一個糟糕的負面詞彙，而這個負面的感受就會引發你不舒服的感覺，認為自己不只是頭髮不好看，而是全身都不好看，甚至蔓延成「我整個人都很糟糕」的想法。

親愛的，你真的有那麼糟糕嗎？也許是你的警覺系統過度強烈、警戒心太高，或者你的敏感度太高。但孰因孰果？其實，我們只要能在下一次又出現像這樣警戒及不安的狀態時，試著幫自己稍微調節、冷靜下來，你的情緒就會好很多，而「情緒穩定」就是自信心很重要的要素之一。

Part II

承接在關係中受傷的自我

「愛面子」是很多人會覺得困擾而找我深談的主題。而在心理狀態上，這是一個太在意他人眼光，透過他人評價堆砌起自己尊嚴與價值的狀態。

若一個人不知道自己是誰，不知道自己要成就什麼，不知道人生該往哪去，就會容易在愛面子的文化框架，去做社會期許的事情，而不是自己真正喜歡的事情——無論是去做期待可以讓他人刮目相看的事，或最低標準，避免做會被人討厭或被人說閒話的事。

很多不愛自己的人，很會愛別人。總是很快回應別人的需求，總是很在意他人對自己的說法。

不愛自己的人，往往帶著「我不夠好」的印記，往往有著「尋求認可」的慣性，導致忽視自我價值與否定自身天賦，逐漸活成一個連自己都不太喜歡的樣子。也因為不愛自己的人心中無法獲得真正的充足，只得更加努力付出，企圖尋求肯定；卻在無止盡的追尋中，自信跌落深谷，更加迷失自我，更難好好愛自己。

我曾在「學會愛自己」的工作坊課程中，歸納出八種不愛自己的狀態：

1. 容易在生活中感到後悔，變得愈來愈不願意改變，愈來愈難下決定。
2. 常常在關係裡感覺委屈、鬱悶，習慣又臭又長的抱怨，往往是針對同一個人、同一件事。
3. 無法獨處，總需要有人陪伴，關係裡甚至寧濫勿缺。
4. 常被身旁的人說要多愛自己一點，但始終搞不清楚概念。
5. 生活很忙碌，但一停下來就覺得茫然不安。
6. 總覺得別人對自己的誇獎都是假的，別人的批評才是真的。
7. 努力學習與提升自己，卻經常覺得自己被打回原形或原地踏步。
8. 即便覺得勉強或無奈，依舊覺得難以拒絕他人。

這樣的思考慣性必須打破！電影《神力女超人》裡，有一段我很喜歡的臺詞：「You are stronger than you believe. You have greater powers than you know.」（你比你所想的強壯。你擁有的力量比你所知道的更強大。）當你沒有好好端詳自己，縱使你身上有再多的美好，依舊被你視而不見，更遑論由他人來幫你驗證。

所以，擺脫他人眼光活出自信的訣竅，其實是好好愛自己，幫助自己走在你想要的道路上。而那條路是當你在生命終結時回顧，你會為自己喝采，會為自己感動；也因為有這層認識，你就更能分辨他人的眼光中，哪些重要，哪些不重要了。

在進入第二部分前，先讓自己安靜下來，感受一下你的生命歷程。如果時光荏苒，來到你臨終那一刻，當你將要面對死亡，在人生限度的覺知中，你僅剩的52×（85－N）週（N代表你現在的年齡，85則是平均壽命），你會如何經營自己？最後要留下什麼刻在墓碑上？

也就是說，如果你現在三十歲，那麼你有52×（85−30）＝2860（週）；如果你現在四十歲，那麼你還有52×（85−40）＝2340週；在剩餘的兩千多週裡，你會希望自己最後在墓碑上被記得的是什麼？

請你做以下的練習：

人生墓誌銘

1. 當你臨終那一刻，你覺得你身旁有哪些人？

2. 後人會怎麼想起你？刻劃在你墓碑上的，會是哪些名詞？
3. 請用十五個字，寫下關於你的墓誌銘。

這些問題，將讓你重新檢視，如果最後環繞在你身邊只有少數親近的人，那麼你大部分的時間有為他們而活嗎？相對地，那些刻劃的名詞，是否讓你心滿意足？最後的十五個字，通常會是你現在生命意義的寫照，你又是否正朝這個方向前進呢？

過度生活在恐懼與茫然中，長期下來將會換來懊悔與空虛，以及自己生命似乎無足輕重的無意義感。我們往往在面臨生死關頭的衝擊後，才能真正意識到生命的有限，才會體會我們花費許多力氣所過的生活，經常籠罩在害怕他人失望與討厭的恐懼中；也常在生命劇烈震盪裡，才懂得要求自己清醒與有意識地去過重要的生活。

預想生命走到盡頭，幫助自己拉回迷失的心。相信你在充分覺察與內在對話中，將對生命中「重要的事」愈來愈清明。

10

客氣病

在親密關係裡委曲求全，不會換來真愛

鈺涵跟我工作了好一段時間，她是個愛笑又討人喜歡的女性，每次見到她都會被她甜甜的笑容所融化。她也很為人著想，做很多事情總是努力、細心又周到，身旁也有很多交情不錯的同事。她同時也是虔誠的基督徒，在教會裡有很多好姐妹，也有長期陪伴輔導她生活與感情的牧師。

但她甜甜的笑容背後，卻埋藏著經歷難堪離婚的身影。

在她八年的婚姻中，她是個每天只專注打理先生的家庭主婦，接送先生上下班，每天努力翻新菜色，用心打掃與布置家裡。但逐漸地，她覺得先生沒那麼喜歡吃她煮的飯菜，甚至不喜歡她用心準備的驚喜晚餐，有時還看不慣她考量營養均衡，煮各種顏色蔬菜的費心之舉。

她一直覺得兩個人既然沒有孩子，可以一起做些家務，不用所有事情都要她承擔。她也不希望先生每次回家就像少爺一樣，挑剔、使喚她、還冷著一張臉，甚至有時候還提過分的要求。例如，鈺涵的先生曾因為希望一下班就吃到某家名店的包子，就要鈺涵先去排隊買包子，帶著包子接他下班，這樣他就可以立刻一飽口福，也不問問鈺涵是不是要忙別的事？也不體諒去包子店跟接他下班兩者並不順路，為何不讓鈺涵先開來接他下班，兩人再一起去買？

鈺涵的用心付出得不到先生肯定，甚至對她愈來愈挑剔，有時讓她喘不過氣來。鈺涵的心裡又悶又苦，難受地找了幾個朋友吐苦水。她先生得知後非常不滿，但鈺涵的無奈是，每次要跟先生溝通，說了對方卻不聽。

她先生的不滿加劇，鈺涵的委屈也愈積愈多。她先生認為，明明就說好男主外女主內，自己在外工作賺錢很辛苦，讓鈺涵住市區的房子，開幾百萬的車子，睡這麼高級的床墊，生活得舒舒服服，他不懂鈺涵到底還有什麼好抱怨的？根本身在福中不知福！但鈺涵的感受是，她一直從先生那兒得不到她要的尊重跟體貼，在家活得像女傭。

當鈺涵不再像往日那般樣樣服服貼貼後，先生對她也恩斷義絕，送出離婚申請，要求她在一個月內搬出漂亮的公寓，歸還豪車，絲毫不顧鈺涵可能這幾年下來沒有太多存款，在這麼大的變動下還需要倉促找住處的不便。

事情發生得太過突然，鈺涵不敢告訴娘家她被狼狽地掃地出門。在即將入冬的天候，鈺涵心寒又心碎地離開生活了七八年的住處。她默默接受一切安排，也不想爭取什麼，畢竟夫妻一場，對方也曾給自己很好的生活，既然已經不愛了，也該是離開的時候，即便是裸離也無所謂，只要不再造成對方的麻煩就好。

她在心底仍有那麼一絲絲盼望，期待先生失去她後，會開始感念她的重要性，會開始懷念她煮的三餐，會想喚回她繼續在身邊照顧生活起居。但她先生卻什麼也沒做，只是持續在社群發文細數著恢復單身的快樂與自在，一副不用再養虎為患的輕鬆。鈺涵也只能默默封鎖加刪除，好像八年下來才真正看清自己嫁給什麼樣的人。

客氣病作祟，自卑的人吸引自戀的人

回過頭來看，鈺涵屬於在關係裡習慣默默付出、為人著想的人，深怕自己拿別人一點好處就會落人口實，因此特別努力不要欠別人什麼，也不太敢表達自己的需求。

而偏偏在關係的互補中，愈是為人著想的人，愈容易吸引到以自我為中心、為自己著想的人；壓抑自己的人，容易遇上不讓自己受一丁點委屈的人；自卑的人容易遇上自戀的人。而鈺涵的先生就屬於這一群很會表達自己的需求，常忽略別人的需求，要別人以他為主的類型。

後來我跟鈺涵討論起「客氣病」的現象，也就是太過客氣而導致的人生困擾究竟有哪些。

有「客氣病」的人大部分時間會非常怕給別人帶來麻煩，處處為人著想，不敢表達自己的需求，常常只能暗自委屈地覺得別人怎麼都不會想到自己；當壓抑不住需求時，或者真心覺得辛苦時，只好開始找人抱怨，但抱怨完後卻又忍不住自責地想：「哎呀沒事，我就只是說說。」好像也只能這樣。但實際上自己的委屈或需求並沒有真正被解決或滿足，因此可能累積更多怨念。

而當這些抱怨不小心傳到當事人耳中，就會劇烈損害了人際關係、親密關係，因為大部分人的第一反應，會覺得你的客氣居然這麼虛假，當面說沒關係，卻在人後說三道四。也就是當事人不一定有辦法體貼地想到原來你忍了很久，反而會覺得你怎麼前後不一致？更別說要他體會你的客氣是不好意思說，而不是真心這樣想，他甚至會有一種原來你一直在騙人的感受。

有客氣病的人在職場上，多數時候的工作量比其他人更多，因為會為了替別人著想而多承擔一些，或寧可讓別人占點便宜。就像鈺涵離婚後找了份工作，常常中午因為接踵而至的工作，不能好好休息吃飯，讓她愈來愈難負擔，終於有一天她對一個提出無理要求的同事大吼一聲：「不要再搞我了！」因為這位同事嫌一位已離開的客戶填的表單有太多錯字，罔顧公司沒有這樣要求客戶，竟私自要鈺涵把這個客戶叫回來重填表單，讓鈺涵覺得太不合理，加上吞忍已久的壓力而忍不住大吼。

可想而知，鈺涵的舉動讓所有人都嚇一跳，提出無理要求的同事卻還理直氣壯地責怪鈺涵脾氣差，讓鈺涵都開始懷疑自己是不是小題大作？有「客氣病」的人就是這樣，生完氣後就充滿自責，怪自己為何不能好好說話、做好情緒管理。但我卻很樂見她可以生氣，因為那才是真正保護自己的力量，敢去面對不合理或過分的要求。

在她的成長環境裡，勢必被迫學會了透過壓抑來生存的道理。我跟她深談後，她才釐清，一直到現在她還受困在「必須壓抑自己，認清身分，不然別人會不要妳」這些童年陰影的念頭裡。

鈺涵的父母並沒有結婚，她的爸爸有所謂的「正常的家庭」，每次都是心情不好的時候才來找鈺涵的媽媽。因此，鈺涵看到的父母互動，媽媽大部分時間都是依順跟體貼的，即便對這個偶爾才出現、每次出現都脾氣頗大的另一半很不滿，但又擔心表現不好或惹對方不開心，對方就一走了之，所以總是壓抑自己的情緒。

鈺涵對父母的感受極為矛盾，父親像是遙遠又陌生的人，卻又是她極其渴望親近的對象。每次跟父親相處時，她都謹記著媽媽說的不要讓爸爸不開心、不要讓他生氣，她乖巧地照做無誤。但鈺涵其實不喜歡媽媽總是低聲下氣、委曲求全，有時候她甚至覺得母女兩人自己也可以過得很好，不懂為何需要討好爸爸。可是耳濡目染，鈺涵也複製著母親，乖順地與父親互動。

甚至，在某次家族聚會中，鈺涵跟表姊妹們吵架，她們曾脫口說了句「也不想想妳什麼身分，只會給人麻煩」，從此這句「我是個麻煩」就深深烙印在她心中，讓她與人相處時總會不自覺地矮化自己，討好他人。

所以，當鈺涵遇到婚姻困境時，悲傷也無奈地發現，自己表現得跟母親幾乎一模一樣，心中完全被那股害怕獨立生活以及害怕被拋棄的擔憂所籠罩。她深深認定勢必是自己做錯了什麼，導致這難堪的下場；勢必因為自己是不夠格的太太，愛抱怨、不願為先生著想、煮的飯不夠好吃、家裡打掃得不夠清潔、體力不夠好……，各種自我批評排山倒海。

內在語言的設定，限制情感的姿態

「我是個麻煩，但我不能沒有先生的愛，我必須依賴他生活」鈺涵的這些內在語言，融合著自己過往創傷與複製父母互動的關係模式，已經深深決定她的情感姿態，也定調她在生活中總優先專注先生的喜好和情緒，而不是關注自己可以去創造自己想要的生活。她深信只要先生開心，自己就平安無事，她的自我設定讓她的人生總處於「被決定」的被動姿態中。

也因此她會歡迎愛發號施令的人成為她的伴侶，決定什麼時候他們應該結婚，決定鈺涵應該盡快辭職以家庭為重，決定離婚，決定她必須搬出去的時間。「我是個麻煩」所帶出相處中的客氣病，讓她只能像個乖孩子等大人告訴她下一步該做什麼，她的心智也因此持續受限，看不見自己過往也有經濟獨立的本事，早就可以獨當一面處理各種生活難題，而不是只能困在家中照顧先生生活起居的家庭主婦。

不難想像，一個人在一個角色待久了，或被內在語言長期設定後，先是自我設限，接著也導致關係僵化缺乏彈性。例如走入婚姻時，熱愛決定的另一半也會很習慣「一言堂」的設定。但婚姻與關係是否能長期、舒適與親密，並非彼此都有本事忍住不吵架，而是如何建立健康的溝通與互動模式。

有「客氣病」的鈺涵向來害怕吵架，她記得小時候只要媽媽有點不開心，即使沒有吵架，爸爸就甩門離開，所以她學會把所有難受悶在心裡，最後難以承受只能對朋友或姐妹發洩，以此取得內心平衡跟情緒釋放，這樣的婚姻關係正說明鈺涵與先生承受不了彼此的差異。

但，真正的親密是能接納彼此的不一樣，又能尊重與支持彼此。人生的功課總在各式困頓與困境中傳遞。要有穩固的親密關係，必須先學習自重自愛，自己先長出支持自己的力量。

療癒時刻

為人著想前，要先為自己著想，把自己照顧好了，才更有力量照顧他人，相信這樣的論調很多人都懂，但真正實踐起來，卻還是容易被他人的情緒左右。

如果你希望擺脫這種人際模式，你可以練習同在。也就是你在乎他人的情緒，但你同時要能詢問自己正在經驗什麼情緒，而不是回到慣性去壓抑自己的感受，否定自己的思維，然後「融入」他人，結果你失去自我，也失去主體性——你成為他人思想的延伸，成為他人情緒的傀儡。

當你逐漸習慣成為別人的影子，要再找回自己的身體與靈魂，自然有很多不適應與痛苦。但是把自己長好了，疼惜你的情緒，欣賞你的思維，你會真正理解委曲不能求全，真愛都來自平等與尊重。

11 為他人而活，往往失去自己的方向

歸屬感

最近在做生涯諮詢時，遇到幾個很有趣的案例，這些案例呈現出來的，往往是對生涯迷惘，甚至對人生有一種興致缺缺的狀態，缺乏生活的方向感與意義感。這樣的狀態對很多年輕人來說是很容易恐慌的，甚至當來到青壯年該是對社會有一番貢獻，該累積一番成就的時候，那些社會世俗的眼光必定會壓得人喘不過氣來，甚至活得卑微。

Peter 來找我時，即將邁入三十歲，猶豫著自己是否要出國念書，一邊準備托福考試，一邊整理自己的興趣，想確定自己是否選擇正確。當我跟 Peter 討論時，感覺他跟大部分男孩子不太一樣，他身上有一份溫柔與暖心，是個容易親近並且很

樂於助人的人，是那種安靜溫和的、不是熱情奔放的性格。

我們一起討論他的 MBTI 性格測驗。大概在三十分鐘後，我就感受到他的細膩與內斂，容易為人著想的特質，跟喜歡悠悠哉哉的生活方式，我大概猜出他的類型是什麼。但他的前一份工作卻是在企業中擔任儲備幹部，在工作中漸漸失去熱情與動力，工作一年多後他決定辭職，同事都不懂他認真做事也很好合作，為什麼就這樣離職了？

我和 Peter 探討他工作的狀態，好奇問起他為什麼要選擇這份工作，他的回應很有趣：「當時選填大學科系，最好的朋友說要選企業管理，我覺得好像也沒差就跟他一起念了。念完畢業好像也順理成章進入大公司接受培訓成為儲備幹部，只是我一邊做一邊又覺得好像少了什麼，有時候也沒辦法跟朋友聊公司的事情，同時因為同事之間有點競爭的感覺，公司裡面的人給我感覺又很疏遠，我其實很不開心。」

在 Peter 這段話裡，其實一直跳出來的是「關係」，雖然他想了解生涯發展，但「關係」卻是直接影響決策。他正被生命中重要他人影響，如果在職場上，沒有讓他信服的上司，沒有帶給他歸屬感的同事，他很容易對職場厭倦。而「歸屬感」

非常容易影響他的生涯決策，有了歸屬感，就容易在工作上有安全感，也容易讓他產生認同感而開始扎根深化發展事業與專業。

在我的觀察中，這類人很容易「胸無大志」，就是當你問他喜歡做什麼，他最容易回答你「還好」、「沒差」、「好像都可以」，而他們往往是群體中配合度高的合群分子，當然，這是在他們沒有情緒困擾的情形下。這群人進入職場也容易因為職場中的「他人」而努力跟拚命。

生命的熱誠與驅動力，來自在意的人

所以簡單來說，這群人對生命的熱誠與驅動力，來自「人」——他們在意的人。因此他們一輩子在追尋的，並不一定是專業上的地位、事業上的成就，反而追尋一種領域性的歸屬感——「在這個『地方』有我安身立命的扎根感」、「在這個人身邊，有被重視、被需要的價值感」、「這個人在我身邊，我愈變愈好、愈來愈成功」。

我跟 Peter 討論起家庭，因此更深刻理解他生涯決定環繞在「關係」的原因。在他小時候父母離異，他必須長時間寄人籬下。由於成長過程缺乏穩定依附的對象，也就是缺乏穩定照顧他的人，他自然得從其他地方找到讓他感到安心的人事物，因此他將朋友視為家人，會非常用力經營朋友關係，彌補家庭失落的空洞感。這是為什麼朋友一句話就影響他生涯決策最主要的原因。

而當現在 Peter 告訴我他想留學時，我問他：「那你的動力來源在哪呢？如果現在你好朋友叫你跟他一起創業，沒必要花錢去留學，太浪費時間了，你會怎麼做？」我看著 Peter 愣在那裡，想想他似乎有可能會為了朋友立刻生涯轉彎。

我再問他：「如果你先成家呢？有了歸屬感，你就是一架填滿燃料的火箭，而不是漂泊的浮萍，而你這麼溫暖的特質，其實非常容易建立關係，因為你非常好親近，只是你必須要懂得愛自己與保護自己，去懂得自己喜歡什麼跟需要什麼。」「因為關係影響你特別深，你也特別渴望有深刻穩定的關係，所以你要更貼近自己的感受，才不會在關係中迷失自己。」我建議 Peter。

對他來說，有可能生命前半段是一種失根狀態，因此過度渴望被肯定、被認可，但拚命跟著一個人，又得不到認可，只得更拚命付出，結果讓自己長期處在缺乏價值的狀態裡。

我另一個案例 Daphne 也非常為他人而活。Daphne 的父母並沒有結婚，她的父親雖擔起部分金錢援助的養育責任，但另有自己的家庭，Daphne 母親一直心心念念著心愛的男人什麼時候「回家」。Daphne 一方面很瞧不起母親那種依賴男人的生存姿態，另一方面從小又必須扮演活潑可愛的女兒，吸引父親回家。

那些其他家庭的日常，例如一家三口開心出遊、一起上餐廳外食、有人陪著看功課等等，她常常難以體會到。而她的母親一邊怨嘆有了女兒要加倍工作才能過得好，一邊又生氣有了女兒為什麼還不能有完整的家庭，時常情緒不定。當她的母親一心尋求被愛時，除了失去愛自己的能力，也無法真正愛女兒，自然這個家除了讓 Daphne 缺乏歸屬感，也讓她被覆蓋在隨時會被拋棄的陰影中。

Daphne 成年後想盡辦法離開母親，而她很快地因為溫柔與甜美的特質，遇到未來伴侶，展開數年幸福的婚姻生活。但婚後八年，她先生提出離婚，原因是受不了 Daphne 不再聽話。

Daphne 也是胸無大志類型，但她卻在婚姻前幾年感到無比快樂與滿足，當她的生活環繞著先生與家庭轉的時候，當她看到先生很滿足地吃她精心準備的餐點時，當她看到自己精心布置的家充滿熱鬧與歡笑時，她感覺到此生無憾。

那麼，為什麼婚姻還是出問題呢？這麼甜美賢淑的 Daphne 又為什麼面臨被離婚的窘境？

Daphne 後來才理解，原來自己嫁給一個高度占有欲的先生，不允許婚姻中有任何雜質，包括 Daphne 的意見與想法與先生不同，都是一種雜質，她的婚姻當然充滿各種沙塵暴。當 Daphne 身體微恙無法服侍先生，或當她有自己的行程，不能一直等著先生下班，或當她開始想要重返職場工作時，種種不聽從先生安排而有自己想法的舉動，對先生而言就是不溫柔的表現，因而對 Daphne 失望。

長期下來，他們的關係愈來愈傾斜失衡，Daphne 成為被輕視被忽略的一方。偏偏這樣帶點失衡的關係，對於為他人而活的 Daphne 來說，充滿吸引力。沒有歸屬感、「胸無大志」的人遇上這樣自我意識愈強的另一半，通常會覺得對方對人生充滿想法，而被他們的自信光彩所吸引。

如果你的特質跟 Peter 或 Daphne 很像，那麼請開始重視自己的感受。當你愈能重視自己，就愈能為自己自動篩選合適的工作與生活對象。讓你的感受為你決定，而不是讓自己陷入各種自欺裡。人生夠長，自欺只會讓你更失去光彩，也失去做決定的能力。

每個人的樣子，都可以是最好的樣子。為他人而活也可以活得精彩，每個英雄背後有許多厲害的人支持、輔佐。一個人的生命高度與亮度，並非用世俗的眼光去完全計量，而是配合當事人的天賦與天性。重要的是，要能找到你最合適的位置，自然就能為自己造就出不可或缺的存在價值。

療癒時刻

如果你也常處在人生迷惘中，也許可以回顧生命中哪些時光是你覺得動力滿滿的？那段時間你都做些什麼？是什麼給予你動力？你可以為自己搜集當中的元素，包含生活型態、工作內容、工作對象、工作意義、或是當時的重要他人。

不用擔心現在的自己不具備一技之長，因為你會為了你在意的人，自動開發出該具備的能力。所以身上很多能力通常是為了他人而積攢出來的，例如有些人為了多跟家人相處，決定去學投資，進而財富自由。所以，與其去找尋你想學什麼，也許去思考你想跟誰更長時間相處，歸屬的根基穩固了，你一樣可以長成庇蔭他人的大樹。

12

期待被認可

太在乎老闆的眼光，卻愈做愈糟？

逐步踏實地評估自己的工作能力，是自我了解很重要的一環。工作表現，是成就感與自信的來源之一。當一個成年人在工作中，被世界末日般的危機感給綁架，太過在乎頂頭上司的評價，而讓自己終日惶惶不安，那是怎麼回事呢？

F是個做事非常周延謹慎的人，在公司工作三年多，卻一直覺得不受肯定、不被重用，覺得頂頭上司常常挑剔她的工作，讓她每次在提報企劃時戰戰兢兢。

「我每次都加班、甚至熬夜趕我的提案，為什麼老闆還是有得挑剔？」F有點心煩也有點挫折地告訴我。「老闆怎麼挑剔你了？」我好奇在我面前的F究竟遇上怎麼樣刁鑽的老闆，也好奇如果老闆真這麼愛雞蛋裡挑骨頭，F居然能待三年，也挺厲害的。

F說，其實老闆沒有真的說她哪裡做不好，但她就是隱微有感覺不被認可。「我已經思考這麼周延了，他還有建議，你不覺得他很挑剔嗎？好像我怎麼做都不能滿分，好像我怎麼努力都沒有得到認可。」F抱怨。

我們的教育裡頭經常有這種現象，做得好是理所當然，做不好就要立即指正，但這種方式往往會讓做事的人有一種「是不是我怎麼做都不夠好？」的感覺。就像F不能從主管身上獲得明確肯定來清楚知道自己哪裡做得好，但很清楚知道主管覺得她還有改進的空間。

這讓我想起我們團隊有一次在測試研發中的人際牌卡，員工們給我這個老闆一些人際回饋，包括他們常感受到我哪些人際行為，以及他們希望我做什麼更多的人際行為。結果三個員工紛紛給了我：「認可」、「讚美」、「關懷」。

我在心裡偷翻了個白眼，暗中想著：「我哪裡不認可你們了？我怎麼還關懷不夠嗎？」就當我摩拳擦掌又想嗆他們一頓時，他們給了我一個明確的行為指標，告訴我他們怎麼從我身上獲得「認可」。

員工說：「有一次你對著其他心理師說：『哇，我們家的小編把案主服務得很好，原本沒有要繼續選擇我們的案主又給了我們一次機會。』那次我覺得自己的能力很受肯定。」我才驚訝地發現，這些互動真的在我們之間很少發生。

但這時另一個員工說：「我知道老闆都用訂飲料來『關懷』我們，雖然不是我最熟悉的愛的方式，但我可以感受到老闆的愛。」這句話聽得我都羞答答了。

然而這個我與員工的互動，其實在說的是我們「工作關係的核對」，我們對彼此的透明與真誠，讓工作氛圍不會是一種壓迫高壓的狀態，不會是一種高度焦慮的狀態，擔心自己不知道又會踩到主管的什麼雷。重點也在於，不會讓自己因為工作上犯了一個疏忽，就覺得天崩地裂。

反觀F的故事，她對工作的高度付出，其實也顯示她在工作關係中的高度焦慮。

F說，每一次開會前，她大概都要準備十種版本的問答，試想過幾百種可能性，就怕自己答不出來。她承認，其實老闆也沒有罵過她，但她就很不喜歡每次在她報告時，老闆總要跳出來幫忙解釋的舉動，「我都覺得很被打臉，」F說。

其實，這個看似非常完美主義性格的自我要求，背後正被期待獲得認可的焦慮感綁架。

期待獲得認可的焦慮感

試想，如果你做每件事都要像電影中「奇異博士」一樣，想著幾千萬種「最好方案」，那不正代表，如果沒有最佳決策，自己將面臨世界末日嗎？但先暫停回過頭來想想，為什麼一個成年人在工作中，會被世界末日般的危機感給綁架，而讓自己終日惶惶不安呢？

F其實也知道在職場上有一點疏忽沒有這麼嚴重，但心裡就是有個緊抓不放的內在批評，容忍不了不夠完美的自己、沒有被老闆認可的自己、無法成為國王人馬的自己，所以暗自評斷自己辦事不力；對自己要多失望就有多失望的心情，油然而生。

我看著辛苦的F，好奇地問她，除了很專注在職涯發展，我想談談她的工作關係，在她眼中，老闆是什麼樣特質的人？跟老闆熟嗎？有沒有參加公司聚餐？聚餐都聊些什麼呢？

F有點害羞地說，她從不跟老闆聊私事，但她看得出來老闆跟其他年紀比較大的同事，比較有話聊。老闆跟這些同事開會，有時候還邊喝咖啡邊討論，感覺好悠閒，不像她每次開會都緊張得不知道該聊什麼。至於公司聚會，她也都盡量躲到一邊去。

通常在面對人際關係中有權威議題的諮商個案時，我都會好奇我們的諮商關係究竟如何？因為有些人會把對權威關係的感受，也投射在諮商關係上，也就是也把諮商師視為一種權威的對象。而我通常都會確認一下案主的想法，如果案主把諮商師看作是權威者，那麼當我給出不同於過往權威者帶給他的反應時，其實正在幫助他修正經驗，讓他知道並不是所有權威者都是同一種調調。但如果案主覺得諮商關係沒有權威感，那也很好，代表我們可以像平輩一樣自在地討論。甚至當我跟他確認彼此的諮商關係時，也為他提供了一個重要的認知經驗——原來關係可以這樣討論啊！

而F告訴我，一開始她的確會擔心我有權威感，但好像漸漸就沒有了。這樣的回覆其實很重要，因為有助於釐清究竟怎樣的相處對F來說才能感到安全，才能在關係中自在地做自己和敞開自己。

我繼續問：「你覺得關係中的哪些互動，會讓你不去想也不去在意權威的感受呢？」F想了想說：「我覺得應該是我說話的時候被很用心地傾聽，也覺得自己說話被聽懂。」雖然F說的這些互動是諮商的基本功，但也說明了F很需要在日常中被這樣對待，而這也是讓她在工作中總是很焦慮的原因——那個努力半天還不被看見或聽懂的自己，好像沒有在工作上存在的必要，隨時都可能被淘汰。

沒有被好好對待的失落感

我想起F告訴過我，她跟母親的相處有多挫敗，母親總覺得F很愛頂撞，愛叨念F，挑剔她的學歷、工作，也批評她的個性，認為一個女孩子家就應該溫柔婉約。從小F就看著小自己兩歲的妹妹梳著整齊的公主頭，穿戴乾淨的洋裝，被媽媽帶出門去逛超市或百貨公司。被留在家裡的Ｆ，打小就在心中烙下不被媽媽喜歡的感覺，即使求學很認真考了前三名，媽媽還是有話說。

Ｆ一邊說自己就不可能像妹妹一樣，從小就是聽媽媽話的洋娃娃，一邊又覺得明明同一個娘生的手足，為何媽媽總是有辦法大小眼，不公平對待？她一邊盤算，想著要趕快經濟獨立離開這個家，不要總是承受母親的控制跟批評，一邊卻又感嘆「天下之大，何處是我家？」

從小的失落，往往會延伸到往後的生活。有時候，我們很容易在職場或婚姻關係上，找尋替代父親或母親的彌補。有些人在跟婆婆的關係裡，找尋像被媽媽疼愛般的影子，有些人則是試圖從職場上同性別的長輩身上，找到那份重新被認可、重視或關懷的感受。Ｆ的老闆也因此成為Ｆ投射需求與渴望的對象，以至於實際互動與Ｆ的期待有落差時，Ｆ就會有強烈的焦慮與得不到的失落感。

但仔細評估之下，Ｆ的公司流動率並不高，顯示老闆的工作能力、關係與人格特質，還是夠讓人信服，願意讓人為他工作。

我接著問Ｆ：「我發現你花太多心思在想著把事情做到完美，你花在關係上的時間似乎很少，有沒有想過在你與老闆的工作關係中，去嘗試你跟母親不會出現的互動呢？」我一邊告訴F，我評估她很有可能將與母親難以親近的失落感，轉移到老闆身上，因此容易放大檢視老闆的任何行為、語言跟反應。因為F把對母親或對權威者的相處模式，一樣複製到老闆身上，覺得這些權威者總是保持著神秘的距離感。畢竟對F而言，每次靠近母親都容易感覺受傷，她自然也不敢輕易地靠近老闆，只能在工作上抱持就事論事、公事公辦的態度。

當一個人與老闆所有交流的素材都是工作表現時，自然討論的都會是工作的內容。因此，會發現自己所有的施力點都在工作表現，因為這似乎是自己可以掌控的，以至於疏忽了人際關係也可能在職場上非常有用。

所以，如果你跟F一樣對於自己的成就有完美主義傾向，每次提案或工作報告時總是過度焦慮、準備非常多可能性，卻難以接受他人給你的建議與想法，那麼你要好好思考你工作關係的地基；提醒自己，老闆跟你的父母親是不同的個體，練習用不同於與父母相處的方式去跟老闆互動。

例如，從分享工作的感受開始。在接到工作時，不是只有應「好」，而是說：

「感覺很有趣，我覺得可以學到很多。」或是「感覺很挑戰，這跟之前做的內容很不同。」在聚會休閒時，不是只在一旁默默地吃飯，而是可以對周遭有更多的好奇，像是：「哇這家餐廳好特別，老闆怎麼知道這家？」、「你點什麼餐？好吃嗎？」、「最近有吃哪些好吃的餐廳嗎？」

當你跟老闆有更多互動理解，當老闆對你有更多工作之外的認識，你們的關係會從僵硬死板中獲得滋潤，你在每一次工作的準備裡，將能感受到來自老闆關懷的後盾，而不是老闆的監視。當你在工作表現中的焦慮降低了，你除了能夠展現原本的實力之外，也能開放感受他人的建議，最終能夠好好拓展自己的所學，愈來愈成長了。

療癒時刻

過度在乎的背後，是內心深層未被滿足的需求，希望透過被肯定與看見，彌補過往的失落與被愛得不夠的匱乏感。看懂自己的內在狀態，才不會將現實的關係變得複雜。如果這是從父母身上而來的失落，要能透過成為自己的父母來重新把自己愛回來，而不是在其他的替代關係中，變回嗷嗷待哺的孩子，因為那總是要留下各種失望的，畢竟身旁的人也會有各種無奈而無法配合你的期待。

當你開始告訴自己，你不再是那等待被認可的孩子，而是可以欣賞自己的成年人，喜歡自己正在做的事的專業人士，那麼，不論是你的工作關係、工作表現，都會有直接的調整，或者直接升級了。

13

依戀焦慮

愛不是交換，是很深的尊重

日常生活中，不論是你跟你的另一半、父母或者是孩子，都容易有以下這樣的現象：「我對他付出這麼多，他為什麼還拒絕我？」、「也不想想我花了多少心思，他為什麼就是不能聽話一點？」

但現實往往是，對方回一句「我又沒有叫你做這些！」在那一刻，你的心碎了一地，懷疑自己的愛還有人要嗎？如果都已經這麼用力呵護關係，還經營成這副模樣，那未來還有什麼希望可言？更別說付出這麼多，也許你無時無刻不感到焦慮。

那到底愛一個人要怎麼付出，才是健康的？為什麼愈愛愈沒有自信？為什麼愛得低到塵埃裡？

這就要聊聊討好與給予的差異了。

他愛我？不愛我？情感焦慮的漩渦

Grace 習慣討好他人，但每次都在情感中愈愛愈失去自信，在幾次諮商後，她開始可以愈來愈理性與清晰地與我討論許多在情感中的覺察。

「我開始在評估我男友是不是真的適合我……」Grace 略帶猶豫地說著。

「你看見什麼了嗎？」我好奇她觀察到什麼。

「我男友的好友，明明已經有穩定交往的女友，卻還是持續跟前女友聯繫。我其實很搞不懂為什麼男人需要留著前女友的聯繫方式，還需要跟前女友見面？而我覺得我男友很可能被他朋友這個行為影響，我擔心他的感情觀是否跟我一致。」Grace 很理性地論述著。

的確很有影響力，但有時候朋友就是一種忠誠度，不會因為朋友的情感世界，就斷了哥兒們的情義也大有人在，倒是 Grace 究竟在擔憂什麼，其實更值得思考。

Grace 很清楚自己是焦慮依戀的類型，焦慮依戀除了很擔心被背叛、被拋棄之外，在情感中最容易外顯的行為，看起來好一點的，就是各種討好行為，像是「我每天幫你帶便當，週末去你家幫你洗衣服，你應該就不會變心了吧？」這類的想法。

看起來強勢一點的行為，就是各種操控，像是「為什麼打給你五通電話，你都沒有立刻回電，你工作有這麼忙嗎？為什麼讓我這麼擔心，你還在乎我嗎？真的在乎我的人，才不會像你這樣！」

也就是說，焦慮依戀會有一種需要與對方融為一體、身心靈契合度高的要求，思想觀念一致，包括「晚上回家都不會打通電話給我，要是我就不會這麼做，他一定是不夠愛我」這類型的思維。

而這樣的思維是不會出現在安全依戀者身上的，他們不會追求這種「高度一致」，因為他們往往能體會他人與自己的差異。對方沒有報備行蹤，他們會覺得對方可能忘了，或太累睡著了，不會直接將對方的行為指向自己被愛得不夠這回事上。

聰明的 Grace 在看懂焦慮依戀者的不自信，以及安全依戀者的開放態度後，才驚覺自己並沒有想像中那麼理性、客觀與開放，反而在感情中有許多先入為主的想法與內心小劇場。但當她可以不追求對方要與她全方位的一致後，她開始能尊重和欣賞另一半與自己的不同，也開始學會信任另一半能做出最適合與最有智慧的選擇，她頓時覺得即使他的好朋友是花花公子，也沒什麼好擔心的。

缺乏愛的底氣與堅定

透過 Grace 的故事，我想與你分享，我很喜歡的那份在愛中的底氣與堅定。

「我愛你，與你無關，真的啊，它只屬於我的心，只要你能幸福，我的悲傷，你不需要管。」*這段話來自德國女詩人卡婷克．季慈（Kathinka Zitz）的詩歌，雖

* 芮虎譯

然表面上在自我舔舐，但說明的正是那份「自我」的堅定感。

我愛你，因為自我的飽滿與豐盛，我對愛的付出可以不求回報，沒有交換，而且我樂此不疲；在愛人的過程中感覺自己的心熱情地綻放，不是因為有一個讓你投注愛的指向性個體，而是發自內心，渴望去愛。

不求回報的付出，與渴望被愛的付出或討好，是極大的差異。前者是出於豐沛飽滿與喜悅而感到自信與自在，讓人與他相處會感受到愉快輕鬆的氛圍。後者是匱乏之擔憂與恐懼，容易讓人感受到如果沒有相對地回應對方的付出，對方就會感到自卑、委屈，使人與他相處時容易覺得被索取而想逃離。

在匱乏、焦慮、恐懼中的愛，往往使得許多人明明已經陷在很有毒性的關係中，包含對方有情緒虐待、語言暴力，或在互動中已經充滿各種痛苦了，卻總是有個趨力過度檢討自己，容易合理化對方的行為；勸說自己，其實對方「脾氣好」的時候，相處起來都沒問題；千錯萬錯都是自己的錯，對方之所以「脾氣不好」，是因為自己哪裡沒做好。

這是在情感諮商中常見的偏誤，也正是關係暴力循環最常見的狀態、維持毒性關係最常有的情形。有毒的關係被保留下來，互動中的痛苦也因此被忽略，接著造成在情感中愈來愈失去自我，也愈來愈消磨自己的價值。

因為恐懼，所以無聲

當一個人習慣在互動中忽略自己的感受，只會讓自己在感情中愈來愈失去表達的聲音，愈來愈沒有魅力，只能配合跟順從，到那時候可能會懷疑自己在關係中到底還剩下什麼？

終究，會讓你失去自己的，是在愛裡的恐懼。

那份「我不值得被愛」的相信，或者他人口中「你這把年紀還有什麼好機會？」，或是那份詛咒「你一定會後悔，因為你再也遇不到像他對你這麼好的人！」將會把你囚禁在詛咒裡畫地自限，而你也容易用生命中的故事來應驗詛咒，以至於不能真正醒悟，如果你開始願意心疼自己，就能吸引到跟你有相當程度自信的人來到你身邊，來呵護你的感受。也就是你對自己的疼愛程度，吸引到相對應疼愛你的人。

我們總是以為「付出」可以換來對方的「愛」、「順從」，卻沒看見「付出」其實是控制的心態，要求對方按照我們的意識去做事；當對方不願意時，就對對方充滿指責，甚至認為不順從的人是任性妄為、不知感恩，卻沒想到對方其實是與我們不同的獨立個體，有自己的思維、意識和需求。

親愛的，當你願意去看見彼此的差異，理解並給出彼此空間，便是在為彼此設立界限。當你願意尊重彼此的意願甚至支持彼此的決定，你們會在界限裡，充滿力量去愛，也更能創造健康與永續的愛。

世界上沒有不被愛的個體，只有不愛自己的個體。也許你會說，「他選擇別人，是不是我不夠好？」、「是不是我無法給他幸福？」這些問句說明的，是你用他人的行為來「定義」你的價值，你並沒有真正長出自己的價值。

每個人都有選擇自身幸福的權利與方式，但有可能因為彼此定義不同，或者每個人生命中正在經歷的關卡與課題不同，而不一定能總是走在一起相互分享。

每個人都是宇宙與地球的一分子，只要你願意好好愛自己，看向自身的價值，你就能連結到來自周遭的愛。學會欣賞自己、欣賞他人，學會祝福自己、祝福他人，你將有機會放開緊抓在手的恐懼與執念，擁抱各種靜靜陪伴在你周遭的美好。

療癒時刻

當你因為對方的反應感到失望、焦慮甚或想要放棄時，也許你想著「是不是我不夠好，所以你這樣對我？」、「是不是我們關係變糟了？」當你會問這兩個問題時，展現了你內在的焦慮，也意味著你完全依據對方的行為反應來定義你的自我價值，甚或生活重心環繞著對方。

在此時，如果你練習，「如果不是我想的這兩個狀況呢？那會是什麼？」也許你會開始當機，想不到有任何可能，那將意味你的思維長期被限制於「我不夠好」、「我們一定會變糟」，也帶著這個視框看待彼此。但如果你很快就意識到，「可能他最近狀況不太好，無暇顧及我」，那代表你的思考尚有彈性，能從他的角度去思考了。

14

害怕被討厭，人生套上枷鎖

過度在乎外界評價

我之前在研究完美主義的過程中，曾看到一份完美主義的量表，興高采烈地自我測試起來。還記得其中一題問：「如果不設最高的標準，我可能會變成次等的人。」看到這道題目，我心裡就想：「對耶，我應該要幫自己設定很高的標準。」接著又有另一題是：「我是一個努力成為做事有條有理的人。」我心裡又想：「對耶，我也是呀！」這樣看了幾題之後，我忍不住想，這些人生目標設定不錯啊，那到底完美主義有什麼問題？

一九九〇年代起，陸續有不同團隊針對完美主義做了不同形式的研究，其中，有人主張完美主義其實可以為人生帶來頂尖、卓越的狀態，發展出 Frost 多向度完美主義量表（FMPS）。他們開始去歸類，一個人如果追求完美，可能會有兩種版本的人生發展：第一種是「適應良好的完美主義者」，也就是相對積極，人生可以走向頂尖；而另一種版本則是「適應不良的完美主義者」，也就是人生走向愈來愈挫敗、一事無成的情況，覺得自己在浪費人生，甚至愈來愈厭世。

同樣追求完美主義，怎麼人生會有截然不同的走向？可以從兩個層次來探究之間的差別。

一個層次是，追求完美是不是以提升個人自身為前提？適應良好的人對於自己的努力有著非常高的要求，包括高標準。他們很在乎生活當中的秩序感及整潔度，他們的完美主義基本上是著重個人的標準，以及個人在生活上做事的各種組織感。例如，量表中的向度提到：「對我來說，整潔是一件很重要的事情」、「我是一個組織性很高的人」、「我努力成為一個整潔的人」，或是「對於工作，我期待能夠有比別人更好的表現」等，這幾個向度代表追求完美主義帶給他們一個滿正向的情況，因為這些陳述反映的都是處於慢慢往上的狀態。

進行這份研究的學者認為，如果你是環繞在不斷提升個人的標準與個人組織性的情況下，基本上你就比較容易成為適應良好的完美主義者，因為你的確就是在追求完美。

第二個探討層次是，追求完美主義，是否出於「過度在意評價」？這種狀況就會導致你的人生一直往下掉。

可想而知，當你所做的事情都是為了自己而做，你會活在實踐自己夢想的道路上，你會專注在展現成果的極致狀態裡，你根本不會去理會旁人給你的是掌聲還是噓聲，你覺得其他人的聲音並不重要；縱使你參考外界聲音，但那些聲音都是為了幫助你更臻於完美，並非擊垮或耽誤你的自信。這樣的你，其實滿容易就能成為適應良好的完美主義者。

但，假若你做的事情不是出於自願，而是為了證明給很多人看，或是你為了要打敗誰，比如那些看不起你的人，你就要誠實地去審視，你是不是因為想贏得別人正面的評價而想要這麼做？

一旦你不是為了你個人的喜悅、個人的興奮感、個人的快樂去做某些事情，而是出於害怕別人的嘲笑、害怕丟臉才去做，這個時候你就很容易成為過度在意評

價，那個所謂適應不良的完美主義者。

適應不良的完美主義者

對外界的在意，會轉為焦慮與擔憂，限制你的精力、創造力、生產力。當你的內在乘載過多負面情緒時，就難以專注去成就事情，甚至無法跟別人好好討論彼此對事情各有什麼期待；遇到困難與瓶頸的時候，也會擔心詢問或求救時會被人看穿或鄙視，以至於特別容易開啟閉門造車的模式。

而同時你也可以回想一下，如果你發現自己真的超級在意別人的評價，那麼，成長過程中，你的父母對你的期望是不是也不低？也就是說，你的父母可能從小就對你設立了很高的期待，並且希望你可以做到。例如，你考試考了九十五分，儘管已經很高分了，但你的父母覺得應該要滿分，所以對你的教育總是少一分打一下的方式？或是你的父母很常批評你、過度批評你的某一些表現，他們看不到你任何的好？這兩種情況都很容易導致你會過度在乎你犯的錯誤，一旦出現錯誤，你就會有天崩地裂的感覺，甚至因為很強烈的危機感，所以你無法容忍任何的錯誤發生在你身上。

這樣的成長經歷，很容易導致你定義自己「不夠好」。因此，原本想透過追求完美主義的行為來洗刷內在汙名，實際上卻被「不夠好」的自我定義引發強烈焦慮，心智被綁架，導致脫離現實，誤以為外在環境正緊盯著自己的一舉一動有沒有出錯。例如，可能大家正在討論某個重要的課題，你反而「現場登出」，進入一種「我要小心一點，不要做錯事情而被罵了」的意識狀態，過度聚焦在自己身上，反而在職場、人際上，在眾人眼中落下「頭痛人物」的印象。

當無法容忍自己身上有任何一丁點錯誤，還有辦法穩穩妥妥地做事情嗎？有辦法每一次想做什麼就勇往直前嗎？基本上沒辦法，因為這時候的你會很需要外界給你很多的肯定，你需要接收到這樣的訊息，你才有辦法去做。縱使有所行動，你也會對自己的行動有很多的懷疑、很多不安。

我在諮商過程遇到不少人因為這樣的心態，而嚴重影響到工作與情感。

工作上會怎麼被影響呢？現在不妨想像，如果主管請你在這個禮拜交出一份相關產品的行銷報告，你會從何開始呢？有個來找我諮商的完美主義者非常認真找了國內外相關的行銷內容，甚至還去找了相關的研究文獻，最後他交出了一份長達五十頁的行銷報告，但是主管不僅連看也沒看，就連話都不想跟他多說兩句。

你可能會想這個主管太過分，但事實是這位案主並不是在當週完成報告，而是已經延遲了將近一個月才交出這份報告。這件事情讓他與上司之間的關係變得非常差，他甚至覺得主管不看重他、不喜歡他。而當他的工作關係變得很差之後，他也開始過得意興闌珊，不太想去上班，進而導致他動不動就請假，最後就被公司資遣了。

對此，他非常不滿地告訴我，為什麼大家都看不起他、欺負他？他明明身懷絕技，為什麼都沒被大家看見？

聽完這個故事，我心裡想的是，他難道沒有注意到完美主義除了為他帶來拖延的問題，也已經影響了他的工作與人際關係，包括他的這個行為已經拖累了部門的進度嗎？

值得去思考的是，完美主義對他工作第一個最直接的影響是，他會用自以為是的「好」去執行他所謂的完美，可是這個完美的狀態不一定真的有與其他人討論過，只是他在內心小劇場不斷徘徊的想法。其次，因為太過要求完美、太過要求高標準，以至於他做事情有很多延宕，甚至可能會不顧所有人的利益，而是為了個人尊嚴；光是這兩個狀態就不難想像，他在工作上很容易就被打入冷宮。

回到「追求完美有什麼不對、有什麼不好？」其實它就是回到你自己究竟是怎麼設定完美？並且你要很清楚地知道，你追求完美的目的對個人的價值是什麼。比如你就是很想要追求卓越，你就是很希望站上舞台發光發熱，那很好呀！你就去做，沉浸在創造的心流中，心無旁騖的狀態就能帶你實現發光發熱的場景。

如果你想要追求卓越，是出於內在有很多外界的聲音，比如：「你沒做好，其他人會怎麼看？」、「我們家就靠你光耀門楣了！」或是你內在有很多自我批評的聲音，比如：「我真的可以嗎？」、「我真的好怕我這樣子做不到」、「我想到上次某某某的那個嘴臉……」等等，你其實就要看見你對自我的定義，是不是因為這些令人焦慮的聲音，導致你做很多事情都感覺綁手綁腳、窒礙難行。嚴重一點的，會讓你對生活與工作失去熱情與盼望，導致你專業耗竭，轉行、離職、不願意再回到職場上等等。

過度在意外界評價，以及不夠好的自我定義，加乘起來就會導致你對自己缺乏信心，也沒有自信其他人會喜歡自己。因為對自己的不信任，對他人與世界也有很多的不信任，於是生活在不安中，常常不相信別人能夠包容你無傷大雅的犯錯，你有機會能做滾動式修正，反而經常覺得自己一旦做不好，就會陷入萬劫不復的深淵，自己的世界很有可能因為一個犯錯就崩塌，因為擔心感受到指責就陷入憂鬱焦慮中。

過日子的方式可以不必是一條自我否定的單行道。深入觀察自己，看見內在對話與內在動機，帶領自己往你真正渴望的方向前進吧！

療癒時刻

追求完美背後的恐懼，也在於擔心自己完成的作品若不夠完美，就代表自己不完美，也意味著習慣用某一事件的「失敗」定義自己。這樣的人通常忽略成功經驗，放大不順遂的記憶，在累積幾次「失敗」後，更舉步不前，更害怕下一個「失敗」發生而導致拖延，且更加狹隘地定義自己。

有時候，鬆動看待自己的觀點，增加對待自己的彈性，感受自己投入的用心，欣賞自己對人生、對事物的付出，逐漸累積對自己的多元觀點後，就能從完美主義的視角中解放出來了。

15

關係自我

人生如果完全丟掉「應該」呢？

Andy 是個三十多歲男性，有一份穩定高薪的工作，假日經常上山下海，生活過得多采多姿。但，聽了這樣的生活，一定會有個「但是」。

沒錯，他過得不開心，因為生活失去意義與方向。

生命意義究竟是什麼，其實就是一個可以體現你價值的目標，一個讓你可以戮力前進的方向。而多數人的生命意義，根據佛洛伊德的說法，不外乎兩大著力方向，就是工作與愛。一個是你可以在社會上貢獻你的能力，累積你的專業與技術；另一個是你可以以大愛或小愛，去施展你對人的在乎與關懷。

但 Andy 完全沒有感覺，也沒有動力。工作上能過就好，沒有更多企圖心；感情方面雖希望可以找到適合自己的伴侶，卻經常失利。在對話中 Andy 只說自己不大擅長跟人聊天，但實質上，Andy 並不知道怎麼跟人好好連結，因為他只對自己熱中的休閒有興趣，別人的事似乎都與他斷了連結。

這種關注自己的男性，在華人社會裡其實大量存在。重男輕女的文化中，很常出現一種現象是，男孩子只要專心做好自己的事情就好，其他事情家中其他女人會打理好，男孩子有什麼興趣或需要，只要開口往往可以獲得滿足，例如他們想要升級電腦設備，換上新型手機，通常家人更願意花錢花力氣去達到他們的願望。

但這類男性雖被女孩子視為家中既得利益者，卻有著難以言喻的辛苦——也就是接收家人用力滿足他的需求時，家人也會用力要求他，特別期待他的成就必須符合「社會期望」，必須光耀門楣、傳宗接代。

而 Andy 就是被家人用力期待的兒子。當然有些人的兒子會長成纖細的特質，成為暖男或媽寶，處處回應家人的需求，不好意思拒絕家人；但有些兒子就會長成「經常不耐煩」，會想辦法跟很多事情保持距離，事不關己，很想擺脫跟切斷這些「麻煩」，因為怕很可能家人問了一個問題，後面就會接續著沒完沒了的一大串問句。

而 Andy 就偏向後者。他失去對人與生命的好奇，無感地活著，最終，他似乎也失去對自己的好奇。

他自己也納悶怎麼會這樣，我跟他在茫然中摸索了一陣子。我經常面對這類型來諮商的人，他們對自己有太多不理解，我必須不斷放大感受力去感覺他們說不出口的感覺。

「這個情況維持多久了呢？」我問 Andy。

「差不多三年吧！」Andy 回答我。

「為什麼會是這三年呢？你覺得是發生什麼事了？」我繼續問。

「我也不知道，好像來了這份工作就變這樣了。」Andy 說。

「看起來這份工作不太一樣，你怎麼看呢？」我引導他思考著。

因為 Andy 有談到工作很不錯，但一直以來 Andy 不願意談太多的，是跟家人的關係。

後來 Andy 自己說了：「好像做了這份工作，我媽不能再逼我了……。」

請不要再要求我了！

Andy 是家中獨子，家中的確有重男輕女的現象，母親把很多心力放在他身上。Andy 的爸媽關係並不好，兩人的婚姻是上一代安排的，沒什麼情感基礎，平時在家要不互動冰冷，要不就是戰火兇猛。Andy 很不想參與父母的爭戰，只能認真念書，而他也很爭氣一路都念不錯的學校。但他媽媽覺得這樣還不夠，認為 Andy 應該去找更好的工作、進更大的公司，才能賺取更多的薪水、更多的年終。

不是 Andy 表現不夠好，而是這些對他媽媽來說都不夠有保障，不能讓她心安。他媽媽一直深感自己嫁錯人，無法在夫妻關係裡獲得愛與滿足，所以就把對未來的期望、對家人付出的專注力，轉向相對好操控的兒子身上。

Andy 的媽媽用大把心思愛著 Andy、照顧 Andy，寄望兒子完成那些無法在她自己身上實現的夢想，那些無法在先生身上兌現的溫柔，只要兒子聽話，心裡的滿足感也就足夠。母子倆就這樣一唱一和，一晃眼三十年過去了。

Andy 一直都頗聽話，偶爾不耐煩或沉默，但基本上始終默默達成母親的要求。他用力說服自己「媽媽都是為我好」，所以他得收下母親說的每句話。

不過人總有極限，Andy 終究壓抑不了日積月累的抗拒與不耐煩，不想再乖乖聽話。畢竟對他來說，媽媽這麼多年來交代他做的那些「應該」，從來就不是照顧，而是對他的不在乎，因為媽媽從沒真正感受過、甚至好奇過 Andy 喜歡什麼或想過什麼樣的生活，只是一味地拿 Andy 的成就來彌補自己婚姻生活裡的黑洞。

因此當 Andy 應徵上那家公司後，彷彿是對媽媽交出人生最大的那張考卷。明明已經有車、有房、有穩定高薪工作，但他卻從沒有感受到家人真正懂他與在乎他，於是痛苦到極致的 Andy 對媽媽說：「這樣夠了嗎？請妳以後不要再要求我了！」接著他走出家門，「碰」地一聲將門關上，留下母親心碎一地，與他父親面面相覷。

還記得小時候，每一次大考完，都會有一陣耍廢放空，或就像一段長假後，會有 holiday hangover，也就是假期宿醉，也許 Andy 現在就是人生大考完後的 hangover，在人生的茫然裡，需要學會重新整頓自己。

重新整頓自己是會經歷陣痛的。就像 Andy 意識到以前的人生過得壓抑、不滿，始終憑著一股為母親而活的動力，讓他覺得不應該讓媽媽失望、憂慮，應該要過上像樣的人生，為母爭光、讓媽媽心安。而當現在，他說出「不」，急著擺脫母親所有要求的應該與理所當然時，人生卻頓失方向，從原本沉重變成失去重心的輕盈，就像米蘭．昆德拉筆中的「生命中不可承受之輕」，他迷失了。

為誰而活的茫然

當人生不用為任何人而活，不用對任何人負責，那股可以全然做自己的自由，相信是很多人心心念念渴望的，但當你真正不用為任何人而活，卻又不曾真正為自己過活時，那股茫然與失重，卻會空洞地啃食著自己，彷若有個黑洞將自己吞噬般。

當你開始希望為自己而活，你將會面臨許多問題，除了他人眼光之外，更核心的是「自我定義」。很多人面臨不知道自己的定義在哪裡的問題，我會將這樣的問題歸回到「我到底是誰」以及「我對我的身分認同到底是什麼」。

無論是家人關係、伴侶關係還是朋友關係，許多不知道自己是誰的人，在關係裡的樣子大部分都是什麼事情都做得很認真的那一個人。因為愈是不知道自己是誰的人，愈容易活在「關係自我」中。

簡單來說，你很容易為了別人做某件事，但不一定會為了自己做某件事，你經常為關係而活，不一定為自己而活。例如：貼心的女兒給家用，姊姊幫妹妹買靴子，或 Andy 成就母親的期望。

如果你有這樣的情況，你要回頭思考的是，為什麼會有這樣的習慣？為什麼只要別人請你幫忙，你就會立刻幫他完成；可是如果攸關你自己，例如寒流來襲，你想要買一床雙人電熱毯增加睡眠品質，卻躊躇了兩個禮拜還沒有動作？

而在自我定義不夠明確的情況下，也容易會有財務與時間控管的問題，好比家人要求你買什麼東西，或是家裡冰箱壞了需要買台新的，通常也都是你出錢負責；家人有事情要跑腿，你就是那個能者多勞的人；就是為了關係成為「散財童子」，包括散你的錢跟時間，而你卻捨不得花錢在自己身上，也沒時間照顧自己。

如果你清楚地定義你自己，當家人又跟你索取金錢時，你明確地告訴他：「不要，我不要給你錢，我不要買這個給你！」這時候的你八成會覺得危機重重，他們可能冷眼以對，而你不再能從「關係自我」中獲得對自我的認可。

所以過度依賴他人眼光，過度活在關係自我的人，也可以問問自己為什麼沒有辦法真正地表達自己的聲音，是什麼讓自己這麼害怕失去家人的愛？

不用急著責怪自己，而是好好理解自己。活在關係自我，代表你要自在地做自己會承擔很大的風險，這跟你過往記憶深刻的事件也許有關。你可以幫自己探索過往，這些記憶多半是跟比較、分離，或被丟下的事件等等主題比較有關。

當你能為自己穿越傷痛，自然可以鬆綁那種不得不沾黏在關係裡汲取認可的狀態，屆時你就有辦法更開闊自由地定義你自己了。

而在此時，你可以做的，是直視過去那黑洞般的人生。而這股不論是自己生命的黑洞或他人生命的黑洞，正是讓人不斷用力生活，卻經常覺得一無所獲、充斥失敗和不自信的來源。隨時撿拾起過去每一個片刻的自己，都可能充滿自我懷疑。

Andy 的人生勢必可以走出黑洞狀態，當他能看懂黑洞起源，真心溫柔地跟自己說上一句：「辛苦你了，這一路走來不容易，你終於可以放下肩上背負的重擔。你扛著媽媽的人生走了大半段路，對一個孩子而言已經太多。也許剛放開重擔會不太習慣而頓失方向，沒關係，我會陪你一起經歷空洞感，一起探索你的渴望，我們可以慢慢找到最想過的人生姿態。」

有時候，我們這麼用力，其實就在等那句好好接住自己的話：「這樣夠了，謝謝你。」那些付出不再無止盡地沉入海底，而是滋養彼此生命的土壤，真的，就夠了。

親愛的，你呢？是否也曾有過人生的 hangover？

療癒時刻

當你的人生從「你應該做……」的既定路線走到突然茫然，也許你可以開始問：「今天做什麼會讓你感覺輕鬆？」一直活在「應該」與「關係自我」的人，常常忽略內在隱微的呼喚，聽不見真實需求，因此要更有耐心地去感受自己。「那我為你做點＿＿＿＿，好嗎？」、「我陪你去＿＿＿＿，好嗎？」有時候甚至是，「沒關係，我們今天什麼也不做。」透過這些自我對話，覺察內在狀態，有意識地讓自己休息，都是讓自己的內在甦醒，重新信任你這個主人願意聆聽內在的過程。

16 羞愧感 不被允許好好說話的童年

學生 Josh 因為表達焦慮來找我談。他對自己的要求很高，但他求學過程幾次上台報告的經驗，曾讓他感到很挫折，因為老師認為他報告的內容不夠符合主題，或是覺得他報告的資料不夠精準等，而對他的表現評價不高。所以他畢業後進入職場，持續精進自己的簡報能力。

但他總是一次又一次在對內、對外的各種報告場合受挫，愈來愈焦慮。從幾次與他的對談當中，我發現 Josh 特別容易放大其他人對他的報告有什麼評價，或是顯露出什麼表情。只要他報告完，其他人沒有什麼反應，他就覺得這代表他講得很不好，尤其是當別人沒有給出一些正向鼓勵的時候，他更沮喪。特別的是，Josh 每次跟我對談時，都會下意識地摀住嘴巴，似乎擔心自己說話的表情引人不悅，或不願意讓人看見他的牙齒，但我仔細觀察，他的嘴型與牙齒並沒有異於常人啊。

於是我請他思考，「如果你對這件事這麼在意，而且很容易鑽牛角尖負面思考，是不是在你的過往中有相似的經驗？這個感覺是不是讓你覺得很熟悉？」我通常都會從這樣的方式切入，引導當事人去感受。

因為通常之所以容易對某些事情過度反應、過度放大某些情緒，進而引發日常焦慮，很可能是因為這些事件或情緒來自於熟悉的經驗或是創傷，甚至正在反覆地發生，而當事人還未學會用適當的方法去回應或處理這樣的創傷經驗。

我猜想 Josh 的生命裡，可能有很多人不允許他好好說話。例如，原生家庭如果充斥精神或語言暴力，這樣的成長環境就很容易讓一個孩子難以表達意見，因為只要一講話，很可能會被人用很難聽的言語制止，以致他們會覺得講話是一件非常恐怖的事情，也就容易有表達焦慮。

而 Josh 的生命經驗裡確實出現過這樣的長輩，有些阿姨、叔叔，或是比他大一點的其他孩子都曾對他有過言語上的霸凌，加上他當時寄人籬下、寄居親戚家，因此並沒有反駁的能力。

例如，聰明的 Josh 小時候常考一百分，但當他在餐桌上講起考到好成績，其他親戚不僅覺得這又沒什麼，甚至因為自己的孩子考得沒有 Josh 好，還會貶損他說「這有什麼好炫耀的？」

當這樣的生命經驗多了，慢慢地就會造成 Josh 有種很深的成見，覺得自己「不容易獲得認可」。而他非常非常想要獲得認可，於是這份認同感的匱乏，催促著他努力地想追求更卓越的表達能力，也催促著他像懷著使命般不斷地往前衝，一直去追尋別人的認同。

於是我請他假想自己回到童年時期的用餐場景，告訴他：「當時還是小男孩的你，只是想要獲得肯定，這樣的要求並不過分，你什麼事都沒有做錯。」然後請他練習把他看到的狀態，試著對著當時的自己說。

剎時，他又重新感受到當時在餐桌上的那股委屈，不禁流淚。他哽咽地說，小時候他全然不知道自己究竟做錯了什麼，可是他又無力反駁，只得莫名其妙地背負著羞愧感，再加上來自大人們與親戚小孩訕笑的眼神，在在都加深了他在人多的場合表達時，會倍感壓力。

「這股羞愧感有沒有跟上台時候的感覺很像？」我問 Josh。他點點頭解釋，所以他才這麼努力地想要精進自己的表達能力，好擺脫當時的那種感覺。

練習擺脫窮追不捨的內在陰影

有時候心理陰影的存在，就像是窮追不捨的鬼魂，讓人不顧一切往前逃、往前衝，衝到最後成為反射動作，也成為停不下來的過度拚搏。

我告訴 Josh，不用這麼急著擺脫這樣的感覺，而是要練習面對這樣的情緒——我們可以抱抱這個小男孩，然後跟他說：「辛苦你了！你做了這麼多的努力，其實就是想要換得一句『你很棒、你很認真，你對自己的生活及課業非常負責。』這些我看見了！」

後來 Josh 把這樣的內在對話加入日常練習中，他開始意識到不同於以往的知覺。

過去每次 Josh 上台，只感受到強烈的低氣壓，環視周遭時，他不敢跟所有人的眼神對視太久，因此他往往沒有真正接收到每個人給予的回饋或評價，反而更多是他自己想像的評價。換句話說，他更多時候是陷在自己的表達焦慮中，沒有真正與現場的人「在一起」、沒有共感。

很多時候人一旦進入焦慮狀態，意識就會變得飛馳發散，注意力也變得過度專一，無法對環境有更多洞察。這就像走進一個視野被屏蔽的山洞，外界喧嘩嗡嗡作響，感覺有人在說話卻聽不清楚對方說些什麼，眼睛所見之處的亮度與彩度都降一階。

Josh 在經過自我對話與安撫的練習後，才開始有不一樣的感覺。光是現場環境，就沒有過去他知覺到的低氣壓，他開始可以觀察到其他人的笑容。他更說到，好像有一種耳聰目明的感受——當他感覺到內在的輕鬆，腦筋的反應似乎也變得快速，原本提取詞彙都要「嗯……」想一下，加很多贅字冗詞，現在變得精簡扼要；過去須要死背講稿生怕自己出錯或漏講，現在則是記熟大綱順好邏輯，加一點臨場反應，他很快就覺得自己在平穩的情緒下，有很好的發揮。

另一個重要的發現則是，他對於主管或客戶的回饋，開始有不同的感受。Josh過往總是過度臆測別人訊息中的負面意涵，面對比較中性的回答，像是「了解了」、「那我們回去討論一下」，他也習慣負向解讀，認為一定是他講的內容沒有特色或記憶點，不夠吸引人，講得太差了。所以他很容易被負面解讀搞得很挫折，常常有不被看見的委屈，也常常因為覺得自己不如其他同事優秀，而在工作上變得不太愛與同事互動，人際關係因此緊張。

但現在 Josh 開始能中立地去聽取別人的回饋。當客戶表明需要回去討論時，代表這些客戶沒有決定權；主管批示報告中有哪些地方需要修正，代表主管的重視，希望同仁的表現都能更臻於完美，更符合客戶的期待。

停止過度猜測別人的舉動

他自己歸納這樣的轉變與以往最大的差異在於，他不再將回饋與評價「過度個人化」。「過度個人化」也是焦慮者非常容易出現的人際困境，很容易認為別人就是在針對自己，甚至自動猜測他人話中有話，拐彎抹角地批評自己。

Josh 記起自己在前一家公司之所以工作不愉快，是因為覺得主管很不喜歡他，同事聚餐也不會特別約他，他覺得自己就像孤鳥般，於是大部分時間總是埋頭苦幹，深怕沒把事情做得完美。但他沒有花時間去跟主管討論，一味拚命完成工作的結果，總是換來主管眉頭深鎖，語氣和緩地跟他說，客戶期待的並不是他企劃的方向，而是另一個方向，而且之前已經討論過了等等。只見主管嘆了口氣，把工作的後續交給另一個同事，而 Josh 則是心涼了半截，覺得自己的心血拱手讓人，腦袋轟轟作響完全記不得後面主管跟他討論的內容。

但當 Josh 修復童年的陰影，重新來看這段過往，他開始把焦點放回自己身上，而有不一樣的詮釋。

他重新思考，也許主管或同事並不是不喜歡他，而是自己的狀態無法跟其他人好好互動連結；交流溝通不足，加上自己內在小劇場爆棚，以至於他往往陷入自身創造的困境，而這些內在困境，又導致更多負向循環。

從修復童年的陰影到提高對人際狀態的理解，這一路走來對 Josh 來說，都非常不容易。畢竟清晰地看懂人際相處的盲點，並理解人際困擾如何反饋到他的工作效率和產出，每一次的發現對 Josh 而言，都是巨大震撼，解答了他長期外在成就的低落價值感，以及人際邊緣的困擾。

Josh 最後才真的理解，有時候選擇比努力重要，但做出適當的選擇跟自身的情緒有極大關聯，只有在不焦慮時才可以清晰地判斷時局，做出更適合當下的選擇，也才能清澈地評估他人的狀態，而不總是帶著負面解讀的視野。

而 Josh 在經歷這些成長後，也重新定義自己。他不再是那個必須屈居人後、寄人籬下的小男孩，而是經歷長期努力與累積，準備打造出一片天的專業人士。他不再是讓人走避、排斥的邊緣人，而是可以親切待人，積極與人合作、交流，並且能在內心湧起「邊緣人」或「多聽少說」的負面想法時，立即安撫自己，與自我對話，回到最喜歡的自我定義上。

內在陰影是窮追不捨的鬼魂。願意看見自己、肯定自己，願意持續給予自己最渴望的事情，其實就是在給予小時候的自己非常強韌的支持。願你也已走在成為自己最強大後盾的路上了！

療癒時刻

對於害怕別人怎麼看自己的人，我都會給一個處方，請他們回去好好端詳著自己，像是端詳著初生孩子般地端詳自己，然後感受內在升起的感受。當我們為自己貼上負面評價的標籤，就會在端看自己時，生出厭惡或羞恥的感受，因此難以直視自己。但當端詳的練習持續，你要練習的，其實是與內在的負面感受相處，而不只是看著自己。在每一次的負面感受中，拉長呼吸來緩和自己的感受，一直到負面感受從你身上流瀉出去。

當你發現你可以輕鬆溫和地看著自己，意味著你有能力跟負面感受共處，就會降低從他人看待自己的眼光感受到的威脅與恐懼。因為最能影響自己的，依舊是你如何穩定地看待自己。

17

負向情感連結

複製他人不友善的對待，怎能好好愛自己？

人生苦樂，冷暖自知。但若是一味追逐他人的肯定、活在他人眼裡，大部分都無法對自己溫柔，反而更多是對自己苛刻，生怕一步失誤，就落人口實，就不再光鮮亮麗，因此再疲累也要打起精神逼著自己。這樣的人生，勢必吃苦多於享樂吧。

前一陣子我到大陸授課，學員 Lisa 跟我分享了她的故事。她告訴我，暴飲暴食讓她的體重一直降不下來，健康也亮起了紅燈。

一般來說，暴飲暴食是很多人因應巨大生活壓力的方式，一旦壓力降不下來，或者因應壓力的方式沒有改變，就會持續靠暴飲暴食來宣洩。而 Lisa 持續受壓力困擾，體重自然居高不下。

Lisa 最強烈的困擾是經濟壓力。她說，為了讓孩子學音樂，他們不僅找了區裡最優秀的老師，還花了十幾萬把樂器升級。面對愈來愈大的經濟壓力，她媽媽和先生倒不緊張，認為大不了就賣一套房子套現，反正還有其他房產，不用發愁。但 Lisa 卻有點生氣，覺得他們怎麼會有這麼愚蠢的想法？

我問她，為什麼會覺得這樣的想法很愚蠢？她說：「我們為了讓孩子學音樂，而把自己的生活降格了，我覺得很丟臉。」

我帶著她慢慢地探索之後，才發現她內心最深層的恐懼其實是來自於她的爸爸。從小到大她爸爸都瞧不起她，所以即使她現在手頭吃緊，她也不想要賣房子讓生活降格。她想，若把房子賣了，爸爸鄙夷的眼光就會出現，還有朋友或鄰居看笑話的眼神，在在都觸發她恐懼地在心中預演他人可能會出現的評語——看吧，她果然把生活降格，果然是沒出息的女兒、沒用的人。

Lisa 從小到大，一直在意著爸爸會怎麼看她。Lisa 的爸爸是嚴肅又傳統的中國男性，對妻兒總是不苟言笑，就算家人把事情做得好，他也從來不誇讚。Lisa 的爸爸在國家企業工作，自視甚高，向來就看不慣成績不夠頂尖的 Lisa，等到 Lisa 到了適婚年齡，他也連帶瞧不起 Lisa 所選擇的丈夫和婆家，覺得對方不夠門當戶對。而一向逆來順受的 Lisa，卻覺得好不容易遇到喜歡的對象，即使被父親批評得體無完膚，她第一次決定用行動反抗父親。

在父母的反對下，Lisa 不顧一切跟先生結婚，卻也因此迎來婚後痛苦的生活。

逼迫自己像顆轉不停的陀螺

Lisa 的父親一開始就認為她的婆家不可靠，但 Lisa 對他們深信不疑，沒想到 Lisa 生下孩子後，婆家罔顧身體虛弱的 Lisa 很需要婆家協助照顧孩子，拒伸援手，要他們倆夫妻自己承擔；另外，婆家也拒絕兌現當初所說婚後會給小倆口一套房子的承諾，甚至也不接受小倆口繼續住在婆家的房子裡，Lisa 跟先生在經濟還不夠穩定的情況下，幾乎被掃地出門。

而讓 Lisa 更傷心的是，先生一點也不爭氣，對婆家這些決定完全不吭一聲，軟弱的態度讓一家三口陷入困頓，Lisa 只好憑自己的力量去克服這一切難關。

她從那時起，拚命工作，五年之內，開了公司、拚了兩套房，生活水平居然達到平均以上，但她的身體狀況卻愈來愈糟。

Lisa 從那時候起，體重再也沒有恢復到往日的模樣，過胖不僅讓她的健康亮紅燈，有心血管疾病的疑慮；另一方面也影響她的心理狀態，過胖的外型讓她很自卑。

而在婚姻關係上，Lisa 為了證明自己「叛逆」選擇的丈夫是正確的，加上父親到現在還不認可她先生，所以 Lisa 即使這些年明白看出先生沒有辦法給她什麼金錢或物質上的安全感，即使她心中對婆家有諸多不諒解，但她還是努力為丈夫護航，覺得先生對她情感上的支持跟陪伴，還是帶給她倚靠。

Lisa 想讓大家「感覺」她過得好，享有高社經地位，所以她讓孩子學樂器，卻從未問過孩子喜不喜歡學音樂，而是就她所認為的方式去努力規劃孩子的人生，拚命為孩子好。

Lisa 變得很不快樂，只剩下大吃的時候會感覺快樂跟滿足，彷彿內心有個巨大的黑洞，需要透過食物來填滿。她告訴我，每次看女兒上完音樂課回家疲憊的樣子，她一邊覺得心疼，一邊又覺得一定要在某天看見這些投資回本，因此又更加使勁地要求女兒學習，即使全家人的生活都受影響也要全身心投入。

幾次談話下來，Lisa 頂著黑眼圈開始述說失眠的痛苦，她終於承認自己很疲累，但就像一顆轉不停的陀螺，她依舊回到「不然怎麼辦？生活還是要繼續過下去，音樂還是要學，房子還是不能賣」這樣的迴圈。我想 Lisa 願意承認脆弱後，也許是時候要學習對自己溫柔。

懂得對自己溫柔

Lisa 的生活裡有各種害怕，當所有的探索兜在一起後，最核心的恐懼顯現出來。她終於體會，原來一直活在他人眼光的自己，很難好好疼愛自己。

如果你跟 Lisa 一樣一輩子都在伸手向父親討愛，那你就會一輩子都活在痛苦跟極度的匱乏當中。

一來，你父親的字典裡可能從來沒有肯定與欣賞，因此他難以跟人有「正向情感連結」，而是往往透過責罵與貶低，去與人做「負向情感連結」。而這也是華人教育下所謂的「打是情，罵是愛」，雖然在心理上的確是一種跟人互動產生連結的方式，卻傷害了孩子的自尊，導致孩子更渴望得到愛，或更渴望用激烈的方式去證明自己。因此，如何練習不再尋求父親眼眸中的愛與肯定，就變得重要；你也必須開始承認，這就是你父親一直以來的限制。

再來，你的內在語言會大量複製父親對待你的方式，因此你會以相同的方式來對待自己。當你覺察了這個狀態之後，你能不能幫自己去練習調整你的內在語言，從你的內在當起「理想父親」，而非試圖去改變父親，因為通常改變不了。你要做的是，從你的內在長出這個理想爸爸的樣子，用這個理想爸爸的樣子來對待你自己。

你的父親之所以不會為你改變的原因在於，在他眼中可能永遠你都不夠好、不夠格，而一個他覺得不夠資格的人，是不可能「影響」他的。因此，唯有你成為你心中認為「夠格」跟「夠好」的人，過上你覺得心安理得的生活後，才有可能稍微「影響」你父親。

第三，一輩子都活在伸手向父親討愛的人生，有個非常大的風險是，可能容易遇到像這樣的男性主管，甚至是伴侶，因為你會在他們身上找到某一些熟悉的感受，結果導致你在人際關係裡有被索取和被掏空的感覺，自然很難讓自己很自由自在地去追求充滿愛的環境。

這點在 Lisa 身上很明顯，也是她選擇她先生為伴侶的最主要原因。Lisa 的先生總是支持她、鼓勵她，是個相當溫和跟平靜的人，但也因為太溫和而不能保護妻小，太溫和而胸無大志，成為後來 Lisa 持續跟先生起衝突的原因。而 Lisa 在接受諮商後也看見自己對先生的矛盾感，雖然一下子難以根除對先生的埋怨，但開始更多接收到先生對自己穩定的愛。

所以在經過深度探索與討論後，我陪著準備好的 Lisa 去面對那個被瞧不起的自己。Lisa 一邊淚流滿面，一邊終於學會心疼地看著自己，不再是以苛刻的態度，而是溫和地跟自己說：「妳這一路以來的努力，我都看見了。謝謝妳努力給自己與家人安穩無憂的生活，妳不斷嘗試突破，花了很多心力在其中，我都看見了。妳一直做得很好，謝謝妳。」

Lisa 一邊流淚，一邊統整著自己，發現一直以來她最需要的是被肯定、被接住跟被感謝，而這些原來她都可以藉由為自己打造「理想父親」的語言來面對自己。這個新經驗讓她釋放積壓許久的委屈情緒，不再被他人眼光下的強烈羞愧感困擾。

接著，我們再一起回來思考她的經濟壓力，原本堅持要給孩子更好的老師、更好的樂器、更好的學區，以及絕不賣房的決定，現在要怎麼辦？孩子還要換老師嗎？

我本來以為她會決定不換老師，讓生活輕鬆，沒想到她說：「還是要換，賣房子就好。」她的內在語言轉換，決定也跟著轉換，生活態度變得截然不同。

是的，當我們不怕他人的眼光，我們就不再需要為他人的眼光而活！

那個為別人眼光而活的自己，真的覺得別人的眼光重要嗎？贏了別人的眼光、贏得別人的贊同，然後呢？

如果你一直活在焦慮及恐懼當中，你就會發現你的生活是很混亂的。但當你願意看懂，就有機會停下來好好思考自己究竟在害怕什麼。就像 Lisa 在擺脫了父親的眼光桎梏後，她就會開始想：「我一定要讓自己活得這麼累、這麼辛苦嗎？我能不能開始感謝已經為生活做了非常多努力的自己？」

心中沒有了恐懼，愛就能夠出來，你也就可以帶著愛的眼光看向自己，並且能對自己說一聲：「你為身旁人做了很多事，辛苦你了！」

若你開始意識到這件事，你可以跟自己說：「我能不能多一點愛自己的練習？」也就是說，當你又在尋求他人認可的時候，你可不可以跟自己說：「我知道我今天做得很好，我很喜歡我今天所做的付出，我很喜歡我身上的某一些特質。」

當你可以這麼做了的時候，你就在情感上獨立了，你就可以與讓你在情感上受傷的父親分開來。你會開始愈來愈看得懂，並且開始有能力去心疼自己，甚至進而心疼父親，因為他真的就是做不到以愛來回應你。

療癒時刻

若從小家人對自己的眼光就很嚴苛，或因為在人際相處中被不友善地對待，容易想像他人的眼光都帶著訕笑或批評，除了影響人際相處，也會影響對生活的決定。因此有意識地看到自己容易有負向解讀他人眼光的傾向後，要能重新調整看向自己的眼光，清空臆測他人的各種想像，持續問自己：「如果沒有這些聲音，你會怎麼做？」、「如果沒有這些眼光，你會怎麼做？」、「如果溫柔地對待自己跟他人，會有什麼不同？」也許，幾個提問之後，你會有不同的選擇和生活了。

小結　探索自我地圖2

我，是一棵什麼樣的樹？

想像你是一棵樹，你在「探索自我地圖1」九個軸向所寫下的描述，都在幫忙自己更看清楚「我，是一棵什麼樣的樹」。而這九軸向，其實可以更深入地統整為六大面向的自我，也就是田納西的自我概念向度。

第一軸向，是你對自己身體、外貌、健康狀況的看法，對應的是第一面向「生理自我」。

第二軸向，是你對自己道德觀、倫理觀的描述，這裡頭可能包含了你的道德價值、宗教信仰、評斷是非的想法與看法等，對應的是第二面向「道德自我」。

第三、四、八、九軸向，包含你的自我價值感、性格、能力，以及與他人關係的評估，對應的是第三面向「心理自我」。

第五軸向，描述家人眼中的你，以及家人與你的關係，對應的是第四面向「家庭自我」，特別指你對「自己與家人關係」的看法。

第六軸向，你對他人眼中的你，以及他人與你的關係的描述。對應的是第五面向「社會自我」，指的是你對「自己與他人關係」的看法。

第七軸向，對應到的是自我概念的最後一面向「學業或工作自我」，是指你對自己在學校和工作場合表現的看法。

所以，整體而言「我是誰？」這個提問，其實包含了六個面向，也就是生理我、道德我、心理我、家庭我、社會我，以及學業或工作我，每一個面向是可以延伸為「探索自我地圖1」引導你寫下的九軸向描述。

談到這，你覺得自己是一棵什麼樣的樹呢？哪個軸向的自我，你比較熟悉？或比較喜歡？哪個軸向的自我，你其實不太了解？需要多一點探索與認識呢？

六大面向看清自我全貌

現在，請你先拿出先前你所寫下的九個軸向自我描述。請你特別看看你所做的標記。中性的標記，表示你能夠用中性的眼光看待自己的某些狀態，是很好的，所以我們暫時放一邊。我們先看正向、負向的標記，我將帶你更深一層統整你的自我狀態。

• **第一面向「生理自我」**

如果在這部分描述中，你的負向詞彙較多，表示你對自己的身體不太滿意。舉例來說，你可能覺得自己不夠高、不夠瘦、皮膚狀況不佳、髮型髮質不好，或是覺得自己穿著打扮不夠時髦，又或是很擔憂自己健康與否等等，這些可能是事實上你身體狀態真的不佳，也可能是你的自我身體意象有所扭曲，或是因你對身體外貌或功能有著不切實際的期待。

• **第二面向「道德自我」**

若正向詞彙較多，表示你在個人理想的道德觀和實際道德行為之間，並沒有經驗到太多或太嚴重的衝突，多數時候是趨於一致的。但也須要留意，在你的描述中是否有許多教條？若有，意味著很可能你對自己或對他人，都有著一些僵化、難以變通的要求，你可能很難原諒自己或他人的無心之過，即便你知道過錯是因所處環境所致，也難以接納或原諒。

而若你在這部分的描述中，負向詞彙較多，可以想一想的是，你是否常覺得自己的行為太過衝動，沒有符合對自己在道德或倫理上的期望呢？

• 第三面向「心理自我」

看看你寫的第三、四、八、九軸向，其中的正負向詞彙數量哪個較多呢？

如果負向詞彙較多，表示你對自己特質上的評價不高。簡單來說，無論你如何定義及評價你自己，你都很容易受到他人或環境所影響，代表你的自我是浮動的，你的自我穩定度是不夠高的。你要注意的是，你會不會時常出現「我的人生乾脆砍掉重練算了！」的負面想法？如果有，那就表示你的自我毀滅感、自我厭惡感是很強的。

自信的第一步是要積極地定義自己，這意味著，你要開始中性、客觀地評估你自己。若你的「心理自我」充滿了負向，就表示你在主觀上過多批判自己，或是你太容易去接受周遭任何的負面評價；也許你身邊有十個人都稱讚你的個性，只有一個人批評你，但你習慣將那一個批評放大，進而覺得自己不夠好。

- **第四面向「家庭自我」**

看看你寫的第五軸向。如果這軸向正負向詞彙數量差不多，或是正向詞彙較多，通常你的家人給予你比較多的支持和照顧，但若負向詞彙較多，表示你與家人之間充滿著疏離感，甚至你對家人感到許多的絕望、失望。

- **第五面向「社會自我」**

看看你寫的第六軸向。若負向詞彙較多，你通常會「自認為」社交能力很差，實際在社交時你也可能常會覺得自己很笨拙，或是你對社會互動有著不切實際的期望。好比，你會有「每個人都應該要是溫暖、開放、接納包容」的那種期待，也因為對於他人有過高的期待，有時候反而會覺得自己格格不入、被孤立，或是在社交活動中時常是猶豫不決的。

但如果你現在正處於憂鬱的狀態裡，此時你的社會自我描述較負向，也是相對合理的，因為很有可能你現階段對於社交這件事情，不只是缺乏興趣，甚至是感到恐懼的。當我們正經歷著一些重大斷裂的時候，在面對社交時就很容易出現一些障礙，但這可能只是暫時性的情況。

所以你可以思考一下，過往的自己在與他人互動時，是否是開放、自然、自在的狀態？如果是，那表示你可能只是這段時間內的暫時性狀況，其實只要將現階段的情緒困擾處理好就可以了，並不一定真的是你的社交能力有困難。

可是，若你剛回想過往自己和他人相處的情形，覺得其實是不自在、焦慮的，或互動上常覺得有困難，甚至是充滿擔心、害怕的，那說明你可能在社交上較疏離、孤立，也可能有社交恐懼的狀況，以及社交的逃避行為，而這個逃避行為很可能會影響到你日常生活中的人際互動。

• 第六面向「學業或工作自我」

看看你寫的第七軸向。若正向詞彙較多，意味著你對自己在學校和工作場合表現是較肯定的；相反地，若負向詞彙較多，則表示你在生涯、職業發展上覺得較不順遂，這可能使得你對自己的能力表現較沒自信，也可能在要承擔、處理重大任務時自我懷疑。

現在感覺怎麼樣呢？有沒有覺得更全面性地看清自己了呢？或是你可能發現，原來你對自己充滿負向評價，也難怪很難有自信，是嗎？

其實每個人都有弱點，或不滿意自己的地方，這很正常，也可能是幫助我們不斷修正、進步的動力之一。所以，真正麻煩的不是你有弱點，而是「你用弱點來攻擊自己、摧毀自信」！

Part III

建立穩妥的內在力量

當你活在過去的創傷裡，你無法友善看待自己；當你活在他人眼裡，無法友善看待他人。而讓我們能夠自信成熟的關鍵三要素，是「友善自己、友善他人、友善環境」，但當人處在受傷與匱乏狀態時，容易帶著負面評價且充滿批判，對環境中正在發生的事情沒有覺察或失去連結。

要成為自信與自在的自己，個人本身的情緒穩定度有十足的影響力。如果你自認是個動不動就不開心的人，你不會認為自己有自信。而情緒穩定度通常也奠基在你對自己與他人的友好程度。若經常對自己不滿意、對他人不滿意，不難想像你向內，必定有很多自卑感；向外，對人則有很多失望感。

你能從以下三個問題發現你經常對待自己的方式，進而檢視你對自己的友好程度如何：

1. 每當你覺得低落、自卑、負面時，問問自己，現在是誰在說話？
2. 你要相信這些話嗎？要把它奉為圭臬嗎？
3. 如果你感覺受傷，那你安撫自己的方式是？

通常在第一個問題，沒自信的人普遍有自我懷疑、自我否定的慣性，很多人會回答是自己在說話，自己在批評，而那往往是我們內化了來自周遭重要他人的語言，或是受傷自我的狀態。「你什麼都做不好！」、「就憑你！」、「別人不會喜歡你」這些持續放送的內在語言，究竟是誰或究竟發生什麼事，讓你對此堅信不移？如果當你沒有這些思考，你又是什麼樣的人？

很多人在此時會告訴我，他感覺輕鬆很多，好像沒有被負面情緒籠罩著。

其實，我們要練習的，就是在看待自己時，能有「彈性」的觀點，而不是「僵化」的負面思維；同時，加上最後一個問題，當我們感到難受，是否有內在支持與疼惜自己的態度？是否能陪伴自己走過低落的歷程？

當你具備了從挫敗與傷痛中站起來的復原力，那份願意承接脆弱感的力量，將讓你的自我變得強大，並且更能面對生命中的挑戰與更巨大的任務，也更願意主動去定義自己和創造自己，因為你會相信自己愈來愈可以。

你可以嘗試著自我整合，創造出你的歷史。想想看：

1. 如果我是地球，各個不同狀態、不同階段的我，分別在哪裡？
2. 現在，請你換上上帝的視角，當你可以用更高的視野、全息的觀點看待自己，你會如何為這個地球命名？

身在這個星球上，你我都知道地球並不被一個國家定義，不被饑荒、天災、戰爭定義，即使連續幾年的疫情封鎖改變人們的生活方式，你依舊可以感受到地球正用不同的方式繼續運作。而關於「自我」的定義也可以是如此，過去的你，現在的你，未來的你，其實都在不斷累積與變化當中。

很多人用地球的觀念來理解自身的人格時，通常會覺得輕鬆很多，也開始卸下防備，看見內在的多元性與豐富性，也意識到也許還有很多部分的自己都沒有機會被開發，就如同地球上雖然有很多國家，但自己都還沒有機會一一去遊歷，還有很多異國文化，自己還沒有機會一一去探訪。

你個人的歷史不該被他人定義，也不該被過去定義，而是隨時能有專屬於你的全新定義。

18 自我定義

走出角色認同的框架

這些年下來，我持續探索自己，不僅在專業上尋求督導的幫助，精進自己在諮商中的能力，同時也不斷思考自己的定位。坦白說，我也在自我定位裡迷惘好一陣子。督導曾經問我，為什麼需要自我定位？我的回答則是，我所定位的角色，決定了我要付出多少時間。

每週的工時有限，我曾經一度掙扎在我究竟要成為治療師（therapist）還是教育者（educator），在這個問題上摸索很久。到後來因為節目邀約增加，開始在路上有些人會問我「是不是那位心理師」？公眾人物的身分好像也成為我的一部分；再加上經營自媒體，我好像也被稱呼為網紅心理師；有些人甚至幫我更精確地定義，我應該被稱為 KOL，也就是意見領袖，因為朋友認為我在網路上的發言是具有影響力的。

除此之外，我還有作家身分，持續在諮商與社會時事與議題的觀察中，感受人心的變化；我還有經營者的身分，思考著如何擴展心理諮商的事業，如何讓心理諮商的好處不斷被大眾接收運用。這幾年下來一直在做的這些事情，催促我不斷思考我是誰。

但就在開啟討論後，我才意識到，我被角色認同框架著，我自己本身，根本就大於這些角色，我無法被一個「角色」明確又精準地定義，難道要因為如此，我就找不到努力的著力點嗎？

就像前面文章中談到的 Alec，我提醒他，他的自我大於他的角色，他不該被他的角色限制自己，在他的生命裡，有很多豐富與精彩，不用只活在那份職位該有的樣子，那個框框會大幅限制自己。

我當時在諮商中對 Alec 說：「You are bigger than your role.」（你比你的角色還大。）而我其實也該跟自己說：「I am bigger than my role, my work identity or career identity.」（我比我的角色還大，比對工作的身分認同、對職涯的身分認同還大。）也就是，好好思考「我是誰，我想成為什麼樣子」很好，但其實我永遠要記得，我的生命不只有工作與事業的角色，我還有我自己。這個「自己」是來體驗人生的，是來感受各種樂趣，創造各種愉悅的。我不是只有心理師服務、治癒與啟發他人的角色，我還有很多豐富，可以透過我的行動在這個世界上展現；世界也有很多豐富，等待著我去行腳，等待著我去收納各種多元與精彩的文化後，再整合出更多采多姿的自己。

你遠比你想的還多采多姿

還記得在創業前，我去了趟印度旅行，到北印的達蘭薩拉待了兩週，學習阿育吠陀的知識，同時阿育吠陀醫師也跟我一起討論了心理學，我們當時就討論了「self」（自我）這個概念。我告訴他，在我的理解裡，台灣有很多人活在一種混沌未知的狀態裡，他們缺乏自我，活在他人眼光裡；在關係中犧牲奉獻到失去自己，甚至愈來愈不喜歡自己的現象極為普遍，許多人處在未分化的白我與未定義的自我狀態裡。

所謂「未分化」（undifferentiated）就是沒辦法區別自己與他人的想法。當身旁的人覺得你很糟，你會認同對方的想法；當他人心情很不好，你也會跟著心情不好；而這也是許多人容易被情感勒索最主要的原因。當我做了讓他人不開心的選擇時，好比我不回家吃飯，家人必須自己吃飯而憤怒地發脾氣時，未分化的自我狀態會認為是我做了錯誤的選擇，導致他有情緒，所以我應該改變或妥協。

所謂「未定義」(unspecified) 就是不清楚自己是誰，沒有將自己放在明確的位置，當別人要你做什麼你就跟著做，致使你無法真正發揮自己的能力，生活缺乏方向感。

所以當時我跟這位印度醫生說，我希望人們可以從「未定義」進入「已定義」。但他並不同意，他認為每個人在「未定義」的狀態中，是一種可以追尋的境界，因為佛陀也是在這樣無我的境界裡，獲得解脫。

我覺得當時的討論很有趣，就回應他，其實很多人在理解佛陀的無我境界，都只理解了片面，認為不應該太自我、太有想法，要避免自以為是、自我中心的狀態，要不斷為人付出才能達到佛陀的境界。

然而真正的無我，或是印度醫師眼中的「未定義」，其實是一種不執著，或者也可說不附著。當一個人極盡所能地消除自我，來讓別人喜歡自己或肯定自己，其實就是一種執著，也反映了你必須附著在關係裡，才能感受到自己的存在。

在那次對談之後，我持續在摸索一個人的自我狀態，究竟到什麼境界，才能真正的自由，而我發現隨著時間與經驗的積累，我也逐漸感受到不同的意識狀態，也開始用不同的方法啟發身邊的人和學生。

認識自己的過程，就是從覺察自己的無明開始，也就是去檢視自己為什麼這麼做？為什麼沒辦法控制？為什麼明明理智告訴自己不能這麼做，卻還是無法停止地繼續做？就像一個人待在受傷害的關係中，即使身邊親友都在勸退，卻一直以「愛就是恆久忍耐又有恩慈」或以佛陀的「無我」來說服自己：愈是忍耐，愈是沒有自我地犧牲奉獻，是一種在關係裡的高尚和聖潔。

正是這種自欺欺人，為自己招引來痛苦。為痛苦的自己合理化，也是強烈的我執——因為太害怕失去關係，太害怕不被愛，或太害怕離開關係自己什麼都不是，而偏執地相信，對方在自己的犧牲之下會改變。

因此「已定義的自我」，在於搞清楚自己是誰、是什麼樣子，定義清楚自己後，去決定自己要的人生。

很多人都在跟我的諮商過程中，逐漸能夠覺知地看見自己，包含在關係中受虐的人、在多段複雜關係中的人，都在對談中逐漸意識到，他們也許在內心深處隱藏著對自己的強烈負向定義，認為自己「不值得」、「活該」或「不配」。當這些定義浮上意識，就能重新被自己整頓與整合。

「我可以過上講究的公主般的生活。」我教一個從事高薪專業工作的女性 Ella 如此定義自己，因為她總習慣將自己擺在被決定的小女傭身分裡。雖然她能力很好但心理地位極低，總是被身旁的人使喚，總是所有事情自己扛，也待在一段遠距戀愛關係中，可能一個月都沒能好好通話一次，因此過得迷茫不快樂。

我告訴她，當你開始清晰定義自己，你就不再是那個被動等待的角色，只能等著那遠在天邊的伴侶什麼時候會把事情忙完，飛到你身邊；相反的，你可以為自己起身決定你想要的伴侶關係和生活方式。

在這些談話後，Ella 才意識到這些年來她總是帶著小女傭的框架在過生活，忘了她早就鍛鍊出厲害的生存技能，是她將自己的幸福與才能框在那幼小的身分中。

看著 Ella 的自我逐漸甦醒，在心中擁抱與感謝過去那個小女傭盡心盡力為自己、為生活、為周遭的人付出後，她重新幫自己換上喜歡的衣服，戴上喜歡的飾品，買喜歡的包，並且對自己充滿力量，可以和伴侶就關係的未來，好好對談，不再擔心自己是不被愛的存在。

完成屬於自己的拼圖

回到我的經驗。我也是繞了一大圈，才發現原來我過度偏執在定義自我，總希望找到一個我可以遵循的典範，去學習活成對方的樣子，即便每隔一段時間，我會換不同的典範。但也因此我開始更加迷惘，究竟誰可以引導我，幫助我更知道我是誰，我該往哪裡去，我還要做哪些發展？

我慢慢開始意識到，其實對自我的定義就像是完成一張專屬於自己的拼圖，過往記憶、身分都是其中一塊碎片，我目前正在經驗的每個角色都在成就這塊拼圖，我的每個經歷都在讓拼圖呈現更多色彩，最後，這塊拼圖又要呈現什麼樣子？我是否喜歡正在拼圖的過程？

有趣的是，在拼圖的過程裡，我赫然發現這豈不正是一個撰寫自己墓誌銘的過程嗎？人生這一場從出生到死亡的過程，我希望最後留下的一句話是什麼？

回想以前在我對自我發展感到困頓時，我認識了讓我很欣賞的作家朋友李欣頻。在一次討論中我對她的觀點感到驚艷。我告訴她，心理諮商基本上就是一個對「自我」的工作，幫助一個人知道自己是誰，而我的困境是，會不會我太專注在「自我」反而限縮了更多可能性？我不斷思考與定義我是誰，會不會我可以不只這些樣子？而欣頻告訴我：「你的自我太小，這種設限就像一個馬克杯，老天爺要給你的東西就像瀑布，你可裝載的福音、資源、資訊，也就只有馬克杯大小。」

當她這麼一說，我沉默了，不斷消化咀嚼，這正是我過度專注而沒有看見的視角，我一直很努力想要成就我的那幅拼圖，想要讓更多人過上覺醒與自由的人生。

她也給了我這個回應：「這件事非要妳做嗎？如果別人做可以嗎？」她的這句話，彷彿幫助我來到上帝視角，從高空中俯瞰著平地上七十幾億張拼圖，每個人都在追尋著不同碎片，但其實這些拼圖有些也跟我呈現著一樣的畫面。

在那一刻我有很深的頓悟，我的自我定義與自我追尋，正是一份包裹著覺醒糖衣的我執。我才徹底理解了當時印度老師所說的「未定義自我」——因為那一刻你可以隨時融入其他人的拼圖，你可以打破心中的馬克杯，全然迎接一切來到你生命中的各種祝福；你能真正順流而不被任何「不符合你定義」的安排所影響，不至於自我懷疑或自我挫敗；如此，你才能生出一股力量，對生命放手，信任生命。

到這一刻，生命再也沒有好事壞事，只有各種學習與擴展能力，而真到了那一刻，我是誰，還重要嗎？

療癒時刻

對我們的身心最具有影響力的，不是「我是誰」，也不是「別人說你是誰」，而是「我覺得我是誰」。即使大家羨慕你的生活，即使你有各種專業證照，但只要你覺得自己是「空心菜」，你一樣過得很辛苦很不滿意。

當你能夠決定要如何定義自己後，也可跳出自己原本的思維，練習綜觀你的生命，練習為整體的生命定義，而不是某一個時期或某一個狀態的自己。

19

內在自主

擺脫「被拋棄」的受害者心理

拋棄、背叛，這些在情感中容易出現的行為，對很多人而言是強烈的傷害，甚至可能懷疑自我價值、失去自信。

很多人都以為，轉了念，人生就海闊天空，因此拚了命希望自己轉念，一旦轉不了念時，就不斷自我批評。事實上，轉念並不容易達成，必須有某種程度的內在和解才能做到轉念。

也許你不懂為什麼有人在感情受挫時可以很快就看得開，很快揮別傷痛，並非他們沒有感覺或太冷漠，而是他們有辦法不被這些「行為」過度影響自身情緒與生活；當心境昇華時，就可以用另一個視框來理解對方的行為。

二〇一七年我前往泰國普吉島，參加《當和尚遇到鑽石》的作者麥可・格西所帶領為期五天的「掌中解脫」僻靜營。當時我從英文網站報名，所以被安排與許多歐洲人士坐一起，很快我們混熟之後，開始打鬧講各種玩笑。在幾天的講座中，我們深刻理解一件事——所有事情都源起於自己，你所感知到的一切，都源於內在心智的種子——勢必在我們內心深處有過記憶、有做過相對的事情、有起過意念、有說過，才會形成我們對世界的理解。

營隊安排了瑜伽課，並且為了方便不同程度的學員可以練習，分成初、中、高階班，而我選擇中階瑜伽班。記得當時在教室裡一個來自維也納的朋友跟我在同一班，我們開心地聊了起來，分享當天上課的心得。就在課程快開始三分鐘前，他突然收起東西，說他想去另一個高階班，我內心一陣失落，立刻脫口說出：「Oh! You abandon me!」（喔！你拋棄我！）有趣的是，這位朋友立刻轉身跟我說：「It's not from me, it's from you!）（這並不來自於我，這來自於你。）我心裡大笑，好一個快速佛學的對話，促使我開始面對我內在心智的種子。

是啊，為什麼我當下覺得他要拋棄我？他不過是選擇跟我上不同的課，想要體驗不同的運動強度跟教學，為什麼成為「拋棄」？為什麼我得出的結論竟是：我們不是說好了嗎？怎麼可以臨時倒戈丟下我一個人，讓我覺得自己很可憐？

也許你覺得小題大作，怎麼會如此玻璃心，但就是在這個小玩笑裡，我重新理解了「拋棄」，它因此成為我不停跟人分享的主題：什麼人會覺得自己「被拋棄」？「拋棄」又是個幾歲的用詞？成年人為何要使用「拋棄」？

「拋棄」是自我保護的行為

那是因為我們童年曾在不如預期的關係裡，感受過傷痛、挫敗，覺得恐懼，而當時年幼無助的自己，並不清楚怎麼處理，為了不在關係中受更嚴重的傷，只能做出哭鬧、聽話或是緊抓不放等等的自我保護行為。

很多大人在管教孩子時，很容易隨口說出：「你再不乖，就要把你丟掉！」這句話會導致好幾個現象：孩子無法真切表達自己的感受，而父母習慣用這句話拿捏孩子，逼孩子就範；另外，孩子將來也習慣以此為人際模式，一旦遇到跟他人意見不一致，覺得他人不好相處，就捨棄這段關係；或是擔憂如果自己在團體中不妥協，就會被丟掉。

這個「拋棄」的心智種子，影響著我們對自己的認知，內心容易停留在等著被命令的孩子狀態，影響著我們的人際互動模式，陷入非黑即白的困境——如果我不喜歡，我就拋棄別人，或別人不喜歡我，就會拋棄我。

拋棄帶來的心靈痛苦，需要被好好療癒和清理。

當我被留在瑜伽教室的那一刻，我一直處在「被拋棄」的狀態，我心裡油然而生的是淡淡的孤單、哀傷跟手足無措。也許正是這份與人分離的感受，讓我恐懼，或者抗拒別人跟我做不同選擇。但當我順著瑜伽的課程進展，安靜下來與自己的身心在一起時，我回到當下，感受在身體舒展中的安適，我重新與自己內在對話。

前一刻的我掉入被丟下的小女孩狀態。回想起生命早期，我看著母親騎機車載哥哥出門，卻不願意帶上我，我哭著鬧著卻一點用也沒有。被留在家裡，感覺孤伶伶的，在樓上的父親也不知道在忙些什麼，始終沒有出聲也沒有下樓。

在普吉島的飯店裡，我一邊做瑜伽，一邊在內心跟這個小女孩對話。在平靜與內在的孤單中，現在的自己與過去相遇，我才真正意識到，我早就有能力照顧那份孤單，以及好像全世界都丟下自己的那份哀傷。更且，成年後的自己早就能跟世界各國人士交朋友，早就揮別那份手足無措了。

在與內在對話後，我可以重新決定自己的狀態，輕鬆自在地享受在普吉島練瑜伽的當下，「拋棄」的心智種子一點一滴在心中瓦解。我不再是那害怕被丟下的小女孩，早已成為能夠旅居各地的成年女性，也有能力去連結交際拓展生活圈的大人。這樣的自己不會用「拋棄」來對待人，而是更清晰地看見，每個人的人生都會有自己認為最適合的選擇，即使他人的選擇有時不一定完全符合世俗框架。

發展獨立的內在

要想移除「拋棄」的心智種子，在於你覺察對待人的行動、你之於「拋棄」的意念與語言，因此你不會用「拋棄」來處罰不聽話的人，即使選擇離開關係，也會讓對方知道離開的原因。你也不再因為別人離開你而感覺被拋棄，而是深刻理解和尊重別人的選擇，知道對方去到他更想去的世界，或更適合他的環境。

「拋棄」的心智種子開始消融，才能做到平靜的轉念。沒有拋棄的感知，就不會升起孤單的感受，因此不會進入受傷小孩的狀態，而是兩個成年人的互動，你尊重對方做了對他自己好的選擇。在成熟的互動裡，你會開心他知道什麼是對他好，你也會開始理解他認為的好和你所認為的好，究竟有什麼差異。因此你有了更多更寬廣的包容，你可以給出祝福跟欣賞，肯定他樂於嘗試，也能在他嘗試新事物後，與他開心地分享生活，你可以真正從對方的視角去開拓更寬廣的視野。

消融「拋棄」的觀念，你能真正與人好好連結，因為「拋棄」本是一種我跟他人無法分開的黏著狀態，也是嬰兒必須依附在照顧者身上，無法獨立存活的概念。一旦拋棄被分解，也意味著我們內在的自主與獨立性開始得以確立發展，你開始能站穩自己，也就少了許多恐懼和擔憂，化被動等待為主動，你可以自在去連結各種人際互動。

也因此，當你在親密關係中遭受戀人或伴侶拋棄，你有能量換個角度想，他之所以選擇離開你，是在這段關係中沒有獲得他渴望的滿足，可能是他本來就不喜歡承諾的關係，或者，也可能是他不擅溝通關係裡的不愉快，而你又沒有敏銳地觀察到他的各種抗議；更或者，他就是愛上其他人，並且他更難以承受失去對方的痛苦，因此他選擇結束跟你的關係……。

這些描述你都能選擇是否要定義為「拋棄」，或者，你選擇定義為「兩個靈魂選擇各自對自己好的道路」。你對於事件如何定義解釋，決定了事件帶來的情緒影響力。選擇前者的解釋，你會進入受害受傷的小孩狀態；選擇後者，你會進入寬容大度的成人狀態，也可以平靜給出祝福。

我們內在有「拋棄」的種子，就會在不自覺中也做出「拋棄」的行為傷害他人，生命中發生的所有跟拋棄有關的事務，都在提醒與鍛鍊我們對心智狀態的覺察。

還記得我初期領養狗女兒時，因為沒有飼養經驗，且住在台北地區，加上當時狗女兒受創嚴重，對人極度不信任，以至於我跟牠互動根本困難重重，在建立關係上吃盡苦頭。在充滿嚴重挫折的那刻，我打開當時領養機構的頁面，萬念俱灰地想找到電話把牠送養回去，當下那股強烈的意念就是：「你這麼難養又不聽話，我看我們是沒緣分了，你不要再當我女兒了！」我在挫敗與憤怒下，坐在電腦前，準備要寄信通知機構，那一刻我的心智被「拋棄」籠罩，正在用「拋棄」來企圖處罰不聽話的狗女兒，在痛苦中我體會不了狗女兒的恐懼跟傷痛，我看不見她的痛苦，只看見她的不聽話；我也忘了她唯一的依靠是我，也許她是較慢適應環境的個體，還在對新環境、新人群感到強烈陌生與無助中。

幸好，在準備寄信時，我決定打幾通電話跟養狗的朋友聊聊，因此停下走向拋棄的行為，更且在得到安慰與支持後，我打消了棄養的念頭，努力學習怎麼跟心靈受創的狗兒互動與建立關係。但這著實就是被「拋棄」的過往所污染的心念，在那一刻聚集著想藉此懲罰狗女兒、擺脫挫敗感，不想花費更多心力。

當使用「拋棄」來處理內心的挫敗和憤怒，以「拋棄」來報復不如預期的關係，「拋棄」不再只是心智種子，而變成了解決問題的錯誤方式，變成了傳遞與擴散傷痛的毒藥。

「放下屠刀，立地成佛」意味著放下那份荼毒人心的心念，那一刻的昇華與轉念將幫助到身旁的所有生靈得到解脫。當「拋棄」不再是讓孩子聽話的手段，那份「學習」與「理解」的意願才能長出來，而不是一味期待對方改變來達成你的標準。

所以，轉念的歷程，是內在負面情緒的清理，是心智種子的覺察與消融的過程。當你在每個生命的「負面事件」或「痛苦經歷」中停下來，去覺察讓你難受的心念，相信你也可以透過看見、對話，然後為你的生活做出不同的行為，長出不同的心念來。

療癒時刻

每當有「拋棄」的念頭或感受時，請幫自己停下來，看向內在，是內在的哪部分正在發出求救訊號？發出此訊號的自己，是幾歲的自己？這個訊號連帶出哪些回憶和畫面？幫忙自己停下來，轉身面對正在求救呼喊的自己，抱抱他安撫他，或者溫柔地端詳著他，不用特別說些什麼，就是靜靜地跟他在一起。這股陪伴的力量，會讓你逐漸體會到內心的平靜，因為你在陪伴的過程，正是接納了內心的陰影與痛苦。

20
核心信念
允許不舒服的感受暫時存在

你覺得什麼是負面事件呢？你如何定義？是客戶拒絕你的提案、老闆拒絕為你加薪，還是朋友拒絕與你一起跨年？如果你認為的負面事件，很頻繁地出現在你的生活中，你要重新思考的是：「為什麼那是一個負面的狀態？」

舉例來說，絕大部分的人都會認為，「接二連三遇到另一半劈腿」是一個負面事件，讓我們在感情裡遭遇到背叛與受傷。但我們要回頭想的是，為什麼劈腿這件事會接二連三發生？這時候就要檢視我們對待關係的方式，以及自我的狀態。

也就是說，有時候是我們自己將事情定義成「負面」，這樣的思路帶著我們一路奔向巨大的負面情緒。

你覺得什麼是負面事件？而當你認為的負面事件出現時，你的反應又是什麼呢？

我分享之前幾個學員對於負面事件的定義給你參考，同時我也為他們的回應做了一些分析，一起看看有沒有與你所定義的負面事件類似。

作繭自縛的內在信念

所謂的負面事件，是作繭自縛。第一種心態是，負面事件是「無常的事」。「世事無常」是世間常態，世界上沒有一件事能永遠保持同樣的狀態而不改變。像是親人過世，或突然失去工作等。很多人害怕無常，難以承受失去熟悉常態的痛苦，所以把無常歸為負面事件。但，如果我們「接受」生命本身就是變的狀態，會不會就不害怕了？是的。

但這意味著我們有個很重要的人生課題，叫做「好好珍惜當下」。好好地擁抱、好好地放手，如此，我們才能夠面對無常的事情，才能夠活在當下，也才能夠不去憂慮未來、不去後悔過往，因為生命就是不斷地在推著我們往前走。

「無法好聚的人，也無法好散」，在一起時無法面對或處理關係的不愉快，無法讓對方幸福；分開後又覺得不甘心，不願看到對方幸福。這，又何苦呢？

你因為過往曾有過的痛苦感受，加上對自己的不信任，不相信自己可以學習，不相信自己有辦法調整，因而不覺得自己可以處理這一切。因為你討厭無法控制的感受，因而你會認為無常的事情是負面的。

愈害怕無常的人，愈抗拒改變。但，我們不可能跟一個人在一起後，就保證能幸福快樂，因為幸福需要雙方奔赴一致的方向。我們總是需要在過程中拓展自己的能力，要有因應環境去調整的彈性。

若你有一個大人般的成熟自我，懂得體貼自己，你就會告訴自己：「沒關係，一步一步來，我們就來試試看，生活當中有挑戰，我們就一起走。」在這樣的狀態下，那些無常的事情還是負面的嗎？還是那些事情是增加你從容面對生命的裝備呢？

第二種心態是，負面事件是「有傷害性的事」，包括你身體或心理受的傷。

天災或意外這類造成身體損傷的事情，的確是較難避免，但若真要說，還是可以檢視平時對人身安全的風險意識是否足夠？例如，心神不寧時就不要開車。也就是說，經常發生意外的人，可能須思考是否有過度使用自己，導致身心過勞，也導致自己只能看到眼前，沒有多餘心力注意到生活周遭。

若覺得負面事件造成「心理受傷」，意味著我們曾遭遇被他人虧待、被惡意對待等不平等的事件，而這些因為人際或工作事件所承受的苦，很值得我們思考「什麼是受傷？」

輕微一點，受傷有時是暫時性的負面情緒，學會調節，狀況就會好很多。例如，未達到績效的挫敗感，因為不喜歡挫敗感而覺得這是受傷；或是看到老闆誇獎別人卻沒誇讚自己的嫉妒感，而有未被重視的受傷。這類型的「受傷」，通常只要正確辨認情緒，安撫情緒，一兩天內就能調適負面情緒，因此事後回想起來也就覺得沒什麼。

強烈一點，是傾向負面定義自己，這就容易過度解讀與人互動中的不愉快。例如，假若過往你傾向定義自己「總是被忽略」，你一看到老闆誇獎別人卻沒誇獎你，自然就會掉入「老闆就是偏袒其他人」的視框。雖然老闆大小眼是職場的日常情境，一般人可能覺得沒什麼，但對你來說，這個職場較勁的感覺卻會引發過往的創傷經驗，甚至催化你「受傷」的感受。而通常這種感受會維持相對久的時間，甚至消磨你對工作的熱情，影響你的職場人際關係。

所以負面事件追溯至更深層，可以是你對自己的設定，與看待他人的視框。對自己有負面的設定，就更容易知覺到生活中充斥著負面事件，當然就容易被負面情緒籠罩。這些通通帶來負向循環，讓你更確定自己不夠好，這個世界更不友善。

第三種心態是，負面事件是「不符合自己期待的事」。

你無法容忍事情沒有照著你的預期走，但其實你無法容忍的是那股挫敗感或失望感。例如：做完這件事覺得應該要被感謝、應該要被誇獎，如若沒有，就覺得可能是我太糟糕，或是對方太糟糕。會這樣解讀，其中一個背後因素是我們的自我中心，另個背後因素是我們的完美主義心態使我們面對事情有很多的「不允許」、很多的標準及要求，因此感到很痛苦、很難受，進而一直處在大量負面情緒的狀態裡。

不符合預期的事件總讓我們一瞬間感到不舒服，但最終我們要決定的是，要讓那股不舒服的情緒維持多久？或在面對這股不舒服時，選擇怎麼做？

例如，為什麼做完某一件事，覺得應該要得到別人的感謝？那一開始是帶著什麼動機執行呢？是希望被喜歡的討好動機嗎？是希望被認可的贊同上癮嗎？如果是，那為何須要討好他人跟被認可呢？

有時候我們在不知不覺中，太過用力做事跟生活，不一定看見背後驅動我們「用力」的原因，以至於放任這種自以為是的用力，讓自己的世界愈活愈小，也愈活愈累。

在「壞事」裡去拓展自己

親愛的，不妨就允許這股不舒服的感受存在，因為有時候我們就是不懂、就是不會，那就去學習；當你開始允許在你身上湧現挫敗感與失望時，你或許會漸漸長出不同的、更中性的眼光去看待原先你認為負向的事件。

你覺得什麼是負面事件？而當你認為的負面事件出現時，你的反應又是什麼呢？

好好看懂與定義你認為的負面事件，因為我們的思維與視框決定你如何回應，也決定你人生的走向。

這就好比當你的手指受了傷，去觸摸其他東西時，你雖會感覺到疼痛，但你會意識到你需要的不是不再去觸摸任何東西，而是好好療傷、照顧好自己的傷口；而如果你沒有看見你的手指已經有傷口，可是你總是感覺到疼痛，那你很可能就會認為你觸摸的所有東西都是導致你疼痛的壞東西；兩者之間，最大的認知差異其實就是在這裡！

在我的執業過程中發生過員工違反員工守則，私下與案主聯繫並且發展親密關係的事件。這件事對我跟諮商所都造成衝擊，因為案主後來在與員工爭執、關係破裂後，多次恐嚇諮商所，甚至要提告，也對我發出生命安全的恐嚇，更提到會去媒體爆料我們雇用了讓他身心嚴重受創的員工。

這完全可被我定義為人生裡的負面事件，無常、有傷害性，且不符合期待，我經歷了四十八小時的恐慌，打電話給所有我認識的律師朋友與資深老師，最終身為負責人，我必須擔負起責任，知道該如何處理這件事，這也是從業以來第一次遇到可稱為危機的事件。

然而在安靜下來自我對話後，我看見我因為遇到從沒處理過的事，於是瞬間進入驚慌無助的小孩狀態。覺察後第二反應，我開始意識到我是心理師，難道我無法幫忙自己整理內在嗎？在那一刻的驚慌中我理解自己的驚慌，我問自己：「你最害怕的事情是什麼？何以如此驚慌？可以怎麼做讓自己不害怕？」

也許問句很簡單，但讓我意想不到的是，得到的答案再簡單不過：「我害怕一切沒了！所有心血付之一炬！我害怕我無法跟其他人交代！」

我聽著內心的答案，心裡卻逐漸清朗，我繼續問：「這真是我害怕的嗎？如果一切沒了？還有沒有更令我害怕的事？」突然我感覺心頭一震，「更令我害怕的，是失去後一無所有的自己，是他人眼光中的訕笑，或各種嗤之以鼻。」

看見這個答案時，我感到陣陣鼻酸，因為我才意識到，我那麼努力，究竟為誰辛苦為誰忙？那些訕笑的眼光來自誰？我要證明給誰看？果真如此的話，那麼，我專注打造事業的信念又是什麼？是「不要被人看扁」而已嗎？我真的在為此而活嗎？

我聽著答案，內心感到心疼，我突然意識到，恐懼從來就不是我們的敵人，而是教會我們更誠實面對內在的老師。恐懼的存在是為了讓我們更謹言慎行，畢竟如果不珍惜，就隨時要面對失去。每個人的天賦是老天爺給的禮物，要能將天賦發揮在有意義的事物上，才不會被收回天賦。

我告訴自己：「你不會一無所有，你隨時可以去其他地方另起爐灶，當你深度連結這片土地，你的付出有目共睹。」我告訴自己，不管要去哪裡，我會陪著自己。當然我有一個更深的信任是，我的天賦是老天爺給我的，祂也會陪著我去做正確與有意義的事情。

我再次去感受我先前深層害怕的訕笑眼光，我才發現我早就強壯到不害怕這些眼光，被喚起的恐慌不過是舊有的慣性；我身旁也早就沒有會隨意訕笑他人的朋友，而是早已處於被人尊重與欣賞的狀態。

這一趟恐慌的負面事件，帶給我很多學習，我才理解有時不用急著移除、解決負面事件，而是真正跟沉浸在負面情緒的自己相處，看懂困擾自己的負面思維，從中找到生命要我們學習的禮物。

始終我們要學習的是具備「成長型思維」，在「壞事」裡去拓展自己，在不順中去思考脈絡，梳理事情的始末，同時細細品嚐自己內在的思路和邏輯。畢竟，所謂的「壞事」是根據你自身的邏輯而決定的，這也是認知治療最常出現的概念——「讓人痛苦的不是事情，而是你對事情的看法」。

所以，你可以決定痛苦停留多久，你也可以臣服於痛苦，謙卑地學習，這些歷練會成為內在力量，成為生命中永恆的資產與寶藏。

療癒時刻

負面事件發生，請先問問自己，你現在感覺怎麼樣？有什麼情緒？能為這個有情緒的自己，先做些什麼事？也許你會發現答案並不複雜，就是需要被理解、被支持、被心疼。我們往往在情緒釋放與抒解後，才看得見負面事件帶來的學習與意義感。有時幫助自己稍微跳脫出當下被害感受的方法是，「這件事發生後的五年或十年，已經度過這件事的自己，回過頭來會對現在的自己說些什麼呢？」從這個問句也能幫助你，重新積攢力量、智慧與穩定度，面對生活中的「負面事件」。

21
內在專注
克服自我跛腳機制，你的專注力成就你是誰

我明明渴望成功，心裡卻一直走向失敗。

我的高中好友約我一起登百岳，對我而言是試煉這半年多來健行成果的機會，然而每一次爬山健行都讓我更意識到，我內在有多強大又負面的自我跛腳的聲音。

「天哪！好累、好喘，我走不動了！我走不動了！」、「我心跳好快，好難受，好想放棄。」、「為什麼還沒到，怎麼這麼遠，我受不了了。」我的腦袋很吵鬧，我的身體很疲累，我的心跳令我難受。朋友告訴我，我心跳的耐受力不夠，以至於心跳一分鐘飆到一百三十下，我就已經快崩潰。這整個歷程，發人深省。

我渴望的成功，真的很困難嗎？我想要的達成，真的很遙遠嗎？究竟是什麼一

直框住我、限制我，致使我相信「一切都是困難的」？究竟是我的「自我跛腳」？還是我的「身體限制」？還是我的「焦慮恐懼情緒」？

當我專注在自我跛腳的信念時，我對自己說的是：你體力這麼差也敢登百岳！登百岳的人都很厲害，你很弱，你根本不可能！（但事實是我的體能沒有自己想像中的弱，倒是信念很弱！）

當我專注在身體限制的信念時，我對自己說：健康檢查說你心跳過慢！中醫師說你先天心臟有問題！大學時期上阿里山有高山症！

當我專注在焦慮恐懼情緒時，我對自己說：每次心跳過快就覺得難受，就心生恐懼，就停下步伐吧。

自我跛腳機制透過強烈自我抨擊來阻斷我的行為能力，讓我心生恐懼，在挑戰尚未來臨就自動跛腳，舉旗投降。也讓我在面對挑戰時，對改變充滿疑慮，也許知道那是正向改變，但真正害怕的，是變成「更好的自己」。

自我跛腳機制，讓我停留在對現況的不滿意，因為那個「不值得、沒辦法、也沒資格的人」，正符合我對內在自我價值的設定，因此掌握不住機會也是理所當然，而忘卻自己已經持續努力且值得信任。

你的感受，來自你認為你是誰

你認為的你，真的是你嗎？在我開設的心理諮商與心理探索課程中，常會遇到嚴重焦慮困擾的人來求助，我總在跟他們的對談中不斷幫助他們釐清「自己是誰」。

K已經年過五十，被焦慮與恐慌長期困擾，每天醒來伴隨著強烈心悸。她告訴我，因為身體不適，很需要有人陪伴，每當伴侶要出遠門看球賽或是出差工作，她就會提前幾天開始失眠；光是想像將要一個人在家，就心神不寧，一天下來做不了什麼事。

K的生活充斥各種擔心：自己開車到隔壁縣市前非常擔心；搭朋友的車去參加活動路過喪家很擔心；自己逛大賣場很擔心；搭乘長途客運很擔心；一個人在家很擔心；看新聞也擔心……。

她也對與伴侶的關係感到很挫敗。由於很多時候必須依賴著伴侶，導致伴侶出遠門時很掛心，還因為不能在家陪K，得承受K的抱怨。但當伴侶留在家，K又跟伴侶沒話說，兩人的關係僵在那，彼此都不滿意。

自從一年前她父親過世後，恐慌感更嚴重，甚至強烈到難以正常上班的狀態。她盡可能在生活中不再增加任何壓力，在幾次諮商後，她逐漸意識到自己很害怕討論情緒，極為抗拒思考以及回顧過去發生的事。

K在談話中很不喜歡談「不開心的事」，好幾次她都嘗試談些「開心的事」來緩和氣氛。但當她逐漸理解到自己一直在壓抑與否定情緒時，才知道須要開始重新認識自己的情緒。

愈容易焦慮的人，往往愈難以接納自己的情緒，也不允許身上出現負面情緒。但負面情緒其實提醒我們，須要去正視生命中發生過的事實。

K開始承認生命中的失落。邁入中年，愛她疼她的父親去世後，她感覺到強烈的無助，而這股無助感讓她想起五歲時，也曾因為母親突然病逝，經歷了重大失落。

她記得，當年母親不知道為什麼就特別喜歡她，即使其他親戚們都比較喜歡長得可愛又清秀的哥哥，每次兩兄妹出去，哥哥總是獲得許多關注，相較之下，不太愛笑又圓滾滾的她就沒那麼討人喜歡，但母親總是帶著笑容看著她。

K在失去母親後，被留在南部鄉下與外公外婆生活。對一個五歲的孩子而言，這股巨大失去與失落感是難以言喻的，她不僅失去愛她的母親，也失去熟悉的環境，過早的分離經驗與巨大失落感，就像一股黑暗籠罩在她日後的生命中。

K的心智狀態在五歲時定格，整個成長的歷程都很害怕失去家人與伴侶，她深信自己必須依賴他人而活，否則就會像五歲的自己一樣可憐。即使她每次回顧，還清楚記得當時親戚們是如何用心關懷她，但「沒媽的孩子」這強烈的印記還是跟隨著她，深信自己是個無助、什麼事情都需要靠別人的孩子。

但其實K的生命歷程並不全然徹底無助，她也有過對事業熱中並且充滿成就感，拚命衝刺的一段時間，所以K也有著成熟有能力的自我。

過去的你與現在的你，美麗相遇

我曾經跟K有過一段有意思的對話，我問她：「你說你搭客運時不知道為什麼就覺得很擔心，那你覺得如果是一個大學生在搭客運，他會擔心嗎？」K想了想說：「好像沒什麼好擔心的。」我說：「那你覺得如果是一個沒有大人陪的五歲小女孩呢？」K立刻就說：「那一定會很擔心。」

接著我問K：「那你覺得你幾歲？你用什麼樣的眼光看待自己？」K仔細感受一下，重新思考她之前說的，因為擔心自己身體會不舒服，而很需要別人陪在身邊的主張，其實倒因為果，反而是因為太需要有人在身邊，在太擔心之下，身體才不舒服。她恍然醒悟，原來自己專注在擔心害怕時，就進入五歲小女孩的心智狀態中。

撥開迷霧，K得見內心的盲點，不僅在諮商中持續讓自己有意識地覺察，在諮商外的時段，她也能有意識地回顧與安撫那無助的小女孩，因此明顯感受到日常的焦慮減緩很多。

當她不再害怕身上的負向情緒，當她學會安撫焦慮與擔心，自然逐漸提高自信，開始更有意識地轉換情緒狀態。

很多人常有這樣的描述：「那是因為他們並不認識真正的我，不然他可能就不會喜歡我了。」這句話的意涵在於，人們習慣將過去的自己視為真正的自己，過去式中的膽怯、無助、弱小、不光彩，是唯一真理，現在式的努力、勇敢、成熟與亮麗，反倒成為虛假的人格面具。

但，你才是為自己人生畫布揮灑各種顏色的人，不是嗎？

有時候我們的焦慮，來自你「過度相信」與「過度不相信」。過度相信「過去式的自己」，過度不相信持續累積「現在式的自己」。你需要善待自己的是，讓這兩個自己好好認識彼此，好好打聲招呼，讓內在自我在一場相見歡中，好好整合；也就是在定義自己的過程中，將成熟與持續累積的自己，都劃入其中，都成為你。

療癒時刻

你是誰？通常我們都用學經歷或社會角色以及證照等，客觀定義自己與他人。

通常我們認定的自己，是僵化定格在某個時刻的自己，特別是受傷時期的樣貌，因為那個畫面往往歷歷在目難以抹滅。但這樣的認定，不僅是最主觀，也容易弱化、縮小自己的真實能力。

所以當你分清楚現在的自己，以及用現在的姿態去面對過去的自己，在焦慮無助時轉換內在對自己的設定，就能從自我跛腳狀態持續過渡到自我肯定與相信自己的姿態了。

22 別人貼的標籤，為何你還緊抓著不放？

穿越標籤

在談標籤穿越術之前，我想先說一個大小和尚渡河的故事。這個故事的標題，我會稱作「我已經放下了，為何你還抓著它？」

有一天，大、小和尚準備涉水過河，看到一位妙齡女子在河邊著急地來回踱步，大和尚走到她身邊問：「你是否要過河呢？」妙齡女子很著急地點點頭，大和尚就說：「來吧！我背你過河。」於是大小和尚就帶著這名妙齡女子慢慢地涉水過河。到了河岸的另一邊，大和尚把妙齡女子放下，妙齡女子很感激地道謝後便轉身離開了。小和尚一路悶悶不樂地跟著大和尚回到了寺院，終於忍不住開口問：「我們不是應該跟女性保持距離嗎？男女授受不親，我們怎麼可以碰觸女性的身體？怎麼可以背她呢？」沒想到大和尚非常淡定地看著他說：「我已經放下了，你為什麼還抓著不放呢？」

還記得第一次聽到這故事時，我心裡震了一下，驚覺自己也是會對很多事情糾結且抓著不放的人。我好奇大和尚究竟怎麼做到「放下」的淡然。

你呢？是不是也常抓住別人認為「想太多」的事，長期困擾自己？最讓人抓著不放的是扣著「我」的各種議題，「我的」形象、「我的」生活、「我的」人際，例如：

你怎麼可以這樣說「我」！「我」才不是！

那之後「我的」人生該怎麼辦？如果「我」扛不住呢？

其他人如果討厭「我」呢？沒有人要跟「我」相處呢？

每次我討論到這個主題，總覺得特別有趣，畢竟心理學很強調「自我」，每個人要認識自己，要為自己做些什麼，要能「自我實現」，將自己發揮出價值，然後在強化自我讓自我茁壯後，才有力量與餘裕去幫助除了我之外的其他人。換句話說，在「自我」夠穩固後，就更能看見其他人的狀態。

也因此，假若你的自我夠穩固，有足夠的自信，當你聽到別人羞辱你，你看見的是他內在的不平靜，而不是糾結在他所說的難聽話。你會思考他的人生可能曾被惡意對待，他出口傷人的背後，可能是傷痕累累的心，因此你可以平靜與寬容地面對他。

活在別人的嘴裡，苦的是自己

當我們還在努力強化自我的過程中，如何不被別人的言語決定你是誰，這就需要「標籤穿越術」了。

在人生的旅途上，縱使每個人各有各的生活，但總是有人只憑自己的觀點、自己的看法，貿然就對別人的生活指指點點，驟下某些定論，說你是薪水小偷、單身公害、甘蔗男……，或帶有更多評價或貶低的標籤。而沒有穩固自我、堅實自信的你，也可能就因此惶惶然認同他人的評價。但你可曾思考過，你身上究竟有沒有這些別人給你的標籤？你同意這些標籤嗎？以及你為什麼要收下這些標籤呢？

就以我這些年上電視節目的經驗來說，總是會有人在節目的 YouTube 下方不負責任地留言。我就曾經看過一則讓我非常驚訝的留言。那天在節目上我穿著紅色的洋裝，塗上了我習慣的紅色口紅，有網友留言說怎麼會風塵味這麼重。對我而言，在我的生活裡，基本上沒有人會這樣評斷我，所以一開始我看到這樣的訊息是驚訝的，但很快地，我回到對自己的認識裡，我夠清楚知道自己是誰，這些訊息自然就無法干擾我了，所以這個風塵味的標籤沒辦法貼在我身上，而我很快地穿越了這個標籤。

我在這個過程中，除了更清楚地看見，那些標籤也許正承載著大部分人用來貶低、弱化、醜化女性的慣用方式；另方面，我也更加理解那些妄對他人貼標籤、看不見他人美好的人，也許正承受著內在光彩不被欣賞的痛苦。

因此，「標籤穿越」可以是深刻理解自己的過程，同時也是在深度理解後寬容他人的過程。但讓人心疼的是，大多數人很容易活在他人的嘴裡，沒辦法辨識標籤，更別提要做到穿越標籤。

讓我來說說一個生活中也許更常見的例子。

小文從小就常被家人指著罵「你這個沒用的東西！」長大後，即使他成就非常好，工作一兩年就立刻升遷，但因為他急於證明自己的能力，攬了很多責任在身上，負荷過重，到後來，他兩次的離職都是因為身體出了狀況，需要時間住院休養。而他因為年紀輕輕就已經發生兩次重病，便開始出現「不知道哪天身體又會出狀況」的恐慌感。

那句「沒路用」對小文來說造成多大的威力啊。它讓小文瘋狂地往前跑，一旦他想要停下來休息，那句「沒路用」就會再度出現，嚇得半死的小文只得站起來繼續努力向前跑，追求完美、卓越，直到無力承擔。為什麼他要這樣強撐？無非是為了擺脫那句「沒路用」所產生的自卑鬼魂。

後來我問小文：「為什麼你就相信了那一句『沒路用』？你做了這麼多的事情，不是也已經得到不錯的成就，獲得其他人的認可了嗎？怎麼到後來你還是相信了那些不知道是你自己鑲嵌的，還是他人鑲嵌的標籤呢？」

小文不是特例，很多人不都是這樣在過活嗎？甚至很多人把外界強加在自己身上的標籤，深刻地鑲嵌進心裡，而不是浮貼著隨時可拿掉的程度。關鍵在於，你有沒有看見自己是否帶著別人給你的那個標籤？

如果我們描述自己是個沒自信的人，我們就要停下來想一下，究竟我們身上真的貼著沒自信的標籤，還是我們在不自覺的情況下，已經認為那些標籤說的就是自己了？也就是說，你要重新去看的是，你與標籤之間有沒有距離，真實的你等於標籤說的你嗎？

有時候聽多了別人對你貼的標籤，你會習慣跟著用標籤的眼光定義自己，忘記且忽略自己一路以來的努力，就如同家人可能習慣忽略你的付出一樣。如果你為了擺脫標籤而努力，那請你看見，你在努力的過程中，的確長成不同於標籤所說的樣子。你更須要肯定自己，學習用現在的狀態來定義自己。

別人給的標籤會阻礙你看見自己，進而難以「自我實現」或肯定自己在世界上為身旁的人所付出的一切。也許在此時你可以練習大和尚的眼光，溫和平靜地看向自己，如果標籤可以飄走，就讓它隨風消逝；如果標籤像水泥一樣鑲嵌著，你也可以溫柔地像是看著美術館的雕像一般，看著自己的努力和累積——那是渴望移除標籤、奮發圖強的你，造就現在的你。

而這個現在的你，值得由你自己，而不是由別人，以一個你喜歡、你自在的稱謂來命名。

療癒時刻

那個在你身後對你強追不捨的自卑鬼魂，往往是過去不夠光彩的自己，一臉泥濘地奔跑著、等待著。它因為覺得不被喜歡，無法停歇地奔跑；它並不是想要吞噬你，而是因為覺得寂寞不被理解，而陷入漫長孤寂的等待中，期盼著哪一天你意識到它的存在，好好認可它的努力。

很多人一輩子都在抓別人對自己的喜歡，卻不知道其實自己喜歡上自己，更是一個最快速讓內心平靜安心的解藥。

23 主動權

擺脫情感匱乏狀態，成為對得起自己的大人

很多人喜歡找我做愛情心理分析，而我在情感分析中很常見到「代間傳遞」，也就是父母不幸福的婚姻，愈容易成功複製給下一代。

我有個朋友J，拖著一段不幸福的婚姻，老公失業多年，還有辦法捻花惹草，讓其他的女人「一起」照顧他。J很痛苦，我問她：「你這樣子拖著這個空殼的家庭跟婚姻，到底是為了什麼？」然後她一邊哭一邊跟我說：「就是『家』。」

J小時候父母吵吵鬧鬧，她對自己下定決心說，不管怎麼樣，她長大一定要給自己一個安穩的家。所以J其實是一個非常認真過生活的女人，對家庭、家人、工作，都超級負責任，只要家人有需要，她都戮力達成。

這樣一個用心、對他人使命必達的人，為什麼連想要一個好好的家的心願都無法達成？不覺得很奇怪嗎？老公不愛她，常常對她使性子，不開心就跟她冷戰三個月，卻不離開她。J說服自己，反正沒關係，不愛了就當家人吧！我心想，怎麼有辦法忍受這種對待方式？

其實這種忍受，就是一種複製的開端，因為你習慣這樣的互動。不幸福婚姻裡本身最有問題的，不一定是個人脾氣而已，更多的是一種「互動模式」。當對方使性子，你忍耐委屈，對方就學到用壞脾氣來操控你，因為他知道你沒辦法制衡他，且你擔心拒絕他就可能招來更慘烈的後果，像是關係決裂，於是惡性的循環因此誕生，他可以變本加厲地為所欲為。

J就是如此被操控，最後說：「沒辦法就是為了這個家嘛！」但J其實只保留了家的空殼，並沒有體會到家的溫暖。

J其實很長期處在想要離婚的念頭裡，她從孩子上小學後就說：「我要等孩子上國中就離婚……」但等孩子上國中，她卻說：「現在這個時機點不太好，我婆婆的狀況很差，我總不能趁人之危……」事實上那一年她先生已經第三次外遇。

一個人對「家」的執著，除了會讓人看不清現實之外，愈陷愈深、愈抓愈緊的背後，還有一個很重要的原因。

當你每一天，在痛苦的關係裡要分不分，有一個很大的難處是，你每一天大概有七八成的時間都在想「我們到底該怎麼辦？」這種心力的占據，有時候根本找不到解方，如果沒有去尋找專業協助，會一直困住、卡住。

你對關係的投入，不是你實質上對他付出什麼而已，更多的是人們常說的「青春」。而青春其實就是「對這個人投注心力的總和」，你花了多少的精力、心力、思考力？

假設你花了三年猶豫要不要分開，然後因為關係常有種不穩定的感覺，很可能在這三年當中，你有七成的時間都耗在揣想這段關係會怎麼樣。但三年的時間足夠讓有些人升上主管職，年薪增加三十萬、五十萬。你的機會成本就是在這空耗的三年裡，放棄了其他有利於你個人成長的任何可能。

有時候道理都能懂，怎麼偏偏還不可控制地讓虧損不斷擴大呢？

因為匱乏，所以無法放手

當執著地看著損失的地方，其實也是執著地看著得不到的匱乏。在閱讀《匱乏經濟學》這本書時，我發現當中的觀點，很能解釋一個人在愛裡匱乏的困境。這本書在探討為什麼窮人會一直很窮，當中有許多思維的問題，當他們為求溫飽導致看不見選擇的代價，更難以在生活中未雨綢繆。

書中有一個實驗很有意思，它讓一群人進行飢餓實驗，每天只能進食一千六百大卡，長期處在飢餓狀態下的人，在實驗階段對很多事情都缺乏興趣，就連看電影也只有食物的畫面會讓他們有反應。實驗結束後即使長達半年，他們還是容易不停地搜尋食物，甚至在進食六千大卡後還持續感到飢餓。

當人因為「匱乏」而進入「專注」，有時候會偏執地認為人生必須滿足匱乏才能得到解救。當童年時期沒有足夠愛的滋養，也會進入被愛匱乏狀態，只有在搜尋愛的過程會覺得「人生有意義」或有活著的感覺。因此只要有「被愛」的感覺，即使是愛到飛蛾撲火、粉身碎骨，也會一個勁兒地嘗試，但事實是，他們在獲得被愛的時候，根本看不見飛蛾撲火的代價跟後果。

這就是為什麼有些人認識對象沒多久，就會急匆匆地想要同居，想要長時間黏在一起，剛認識不久就有鋪天蓋地的濃烈情感。一個已被大量愛的飢餓感所籠罩的人，自然希望有人立刻填補他的孤獨空洞，所以不論這個人的前科或歷史，只要能擁有暫時溫存都瞬間成為英雄，這也是為什麼我們前面提到，不幸福家庭的代間傳遞，讓對愛感覺匱乏的人，更容易愛上不愛自己的人；也更容易因為愛的匱乏，即使發現關係並不健康，卻偏執地專注「家」的意象。

一個缺愛的人，可能因為害怕擁有愛後又失去愛，因此極端討好或控制，導致伴侶受不了而離開他，讓他再次相信自己不值得被愛；或是很快進入也是缺愛者的懷抱，在愛裡相愛相殺，依舊沒有真正被愛給滋養與滿足過，持續且長期活在缺愛狀態裡。

這也是很多人都不理解，為什麼有人深陷在有毒的情感狀態，卻持續做出讓人匪夷所思的事情，像是被另一半打了，還自責沒把飯煮好吃才會挨打。他通常不覺得是另一半的情緒出狀況，因為在愛的匱乏裡，會陷入認知泥淖中，要的是「只要對方還在，我就有愛的溫飽」，根本無法思考「我該如何獲得健康的愛」，不論別人怎麼勸都沒用。

幸好，缺愛的困難可以從學習中重新翻轉。

成為對得起自己的大人

有問題的互動往往來自於在關係中的自欺欺人，或各種「可是、沒辦法」，各種「恐懼、不甘心」。如果你要的是有情感交流的家，要的是大家互相尊重、互相支持的家，你能不能承認自己也有責任去創造這樣的環境？並且承擔起這份責任？你要的生活並不是「對的人」才給得了，你也有主動權，你要成為「對得起」自己的大人。

愈得不到的東西，會在內心裡形成一種使命感，為了彌補童年缺憾，因此不願讓自己就此轉身或有時態度轉彎，結果反而再次陷入與童年相似的長期痛苦當中。你的執著依舊重演了童年的生命基調，這真是你要的嗎？

也許好好轉身面對那個藏在心底多年的孩子，也許你曾經承諾過他一定會讓自己的未來幸福，但有時候轉身承認自己的不足，包含不知道怎麼經營一段彼此尊重的關係、不至於在關係裡總是討好，打從心底放過自己，那把通往幸福大門的鑰匙，就會出現在你手中。

後來我跟J聊，妳能不能更誠實地看妳的需求與渴望？能不能更負責地去面對痛苦與委屈？若妳來自一個好好被對待的家庭，是父母眼中的掌上明珠，請再重新想想，妳會怎麼面對和處理眼前的狀況？

J表情一愣，她從來沒用這個角度思考過，她總是想著，為什麼別人的婚姻愛情總是如魚得水，自己的就是特別辛苦。但她在感受「掌上明珠」的生活時，頓時發現了許多事：

「家人一起環繞在餐桌吃晚餐，一起討論著學校發生什麼事。」

「媽媽偶爾會陪寫功課，或拿著功課問爸爸，父母一起為女兒的學業出點主意。」

「假日時一家人一起到公園野餐、遛狗，又放電又充電。」

這些都是她想像的掌上明珠的生活，是遺落在她心裡很久的，關於一個家的想望，也是她一直以來想要給女兒的生活，但她赫然發現她完全沒有做到。

J的想望，卻是掌上明珠熟悉的成長經驗。她們從小被疼愛，一旦在婚姻中發現被背叛、被剝削，與生命經驗有劇烈的衝突時，會不適、會反抗、會拒絕、會離開，並且認為自己值得跟像父母一樣會愛護自己的人在一起，不值得繼續待在受傷害的關係裡。更有可能的是，掌上明珠會在一開始就察覺到對方並沒有用父母疼愛、尊重與珍惜自己的方式來對待她，她也許就果斷選擇與這樣的人保持適當的距離。

J與身旁所有她知道的「掌上明珠」們討論了一輪，才驚訝地發現，每個掌上明珠給她的回應都高度相似，不願在空殼的婚姻裡受委屈，她才真正願意正視原來自己的忍受與對關係的恐懼和執著，正讓她步入愈來愈痛苦的情感深淵中。在這些綜合討論後，她終於下定決心與先生攤牌，而這一步，她走了三年之久。

沒有看重自己，就別奢望別人會看重你。要想擁有健康自信的情感關係，得先從穩定自己的內在開始。覺察你在情感中的所作所為，覺察你對自己的身分設定，大方地設定情感目標，有意識地前進，而不是在佛系與順著感覺走卻又再次走回原本的模式中掙扎。

如此你才能從愛的窮人階級，逐步進入愛的豐盛狀態，幸福就能自然而然來臨。

療癒時刻

成為「情感富一代」的方式，即要嘗試以一個初到人世的小女孩／小男孩般對待自己。感受小女孩／小男孩想要什麼樣的生活，渴望什麼樣的對待，然後練習成為小女孩／小男孩的照顧者，練習成為自己渴望的母親，然後讓內心原本對愛匱乏的孩子逐步長大。一個人若喜歡自己，即是關係裡最強的底氣。

24 允許失誤

卸除不必要的選擇焦慮，減輕後悔的情緒

在這個快速變遷又科技發達的時代裡，我深深相信命理與占卜永遠會存在，原因在於它幫助許多焦慮的人，在面對選擇時，有一個古老符號的佐證和支持！世界變得快，資訊量與知識量也愈來愈豐富，但我們往往在真正要為人生做出選擇的時候，困擾究竟選哪一個最好。可惜人總是要花很大一圈才知道，人生每一個決定，都是剛剛好的安排。

訴諸命理，也許就是希望預知未來，圖一個「早知道」的安全感。但，命理卻也提供了為自己找一個退路的藉口，當自己「做錯」決定時，可以圖一個「都算命害的」的推卸感。但始終，人生是自己要過的，面對決定人生的難題，你還是要練

習去思索給自己哪些思考方式？

我在心理工作中觀察，有「選擇焦慮」的人常有以下三個現象。

第一，被迫者的心理反應。他們往往不喜歡做決定，面對選擇極端痛苦，會覺得自己是在「不得不」的情況被迫做決定，以至於經常想像自己是「受害者」的角色。

例如，覺得主管總是在壓榨自己，不會壓榨其他人，也沒有人願意幫自己出頭。忍耐多時後，覺得自己必須辭職找其他工作，可是又擔心自己的年紀不小、技術不高，自己是在不得已的情況下被逼得做出艱難的選擇。

很多有選擇焦慮的人會認為，只要主管不那麼機車，他就不需要選擇。但其實在這件事中，他不一定要讓自己坐在受害者的位置，反而可以為自己的生命主動出擊，例如直球面對主管或是尋找自己的天空，而不是逃避或推託責任。

有些選擇焦慮的人即使選擇了做自己擅長的事情或喜歡的事情，也不一定感到開心，因為真正的問題是，他不夠喜歡正在做事的自己。

被迫的心理狀態，會讓他持續反抗，甚至為了反對而反對，而無法看見當下周遭任何讓他開心或感興趣的事情。這樣的心態除了會消磨掉他的自信與熱情，也會讓他對未來更茫然，因此更大的可能是，他會待在原地打轉。

被迫者會持續相信自己無法「選擇」，卻忘了他終究已經選擇待在原地。或許他在等待命運給他一個道歉，但他終究只會等到更多生命的流逝與更多的無奈。因為當他不去練習握有自己生命的主導權，就無法認清什麼適合他，什麼不適合他。只有懂得自己有什麼價值，才有動機去尋找能夠讓自己真正發揮價值之處。

害怕面對後悔的自己

其次，陷入選擇焦慮的人，即便諮詢他人，聽了他人的見解與分析，通常內心緊接著很多「可是」以及「沒辦法」的自我對話，遲遲下不了決心。這其實是因為他無法承擔選擇，害怕決定的後果；或者嚴重一點的，他擔心做決定後會後悔，而他會討厭將來後悔的自己（雖然他不見得多喜歡現在的自己）。

選擇焦慮者之所以內心會上演一堆「可是」的心理小劇場，其來有自。其一，他不覺得自己有能力、有資源、有方法去處理新發生的狀況。做決定之後總會加入不同的人事時地物，碰撞出不同結果或意外，這些都考驗一個人是否能沉著地面對與處理，因此對自己沒信心的人，以及常覺得自己辦事不利的人，通常就會在面對抉擇時優柔寡斷。

但假若他驚慌之後仔細思考，問問自己：「是真的無法處理嗎？還是太習慣用無助小孩的眼光看世界了？」也許就會開展不一樣的局面。

其二，他不喜歡事情不順己意、更不喜歡失控的感覺，於是通常會拖延做決定，也會希望決定之後掌控一切走向。一旦事情發展不如預期，他就會失控暴走，或者焦慮崩潰。這一切很有可能是完美主義在作祟。

但假若他問問自己：我所認為的完美，真的是完美嗎？會不會人生就在挑戰我所定義的「狹小完美狀態」？會不會這些失控都在幫助我拓展生命的完整性？會不會這些不熟悉正在練就我的彈性與穩定性？

當他願意告訴自己：「不論結果怎麼樣，我陪伴我自己，我承擔這份選擇，我面對後續的難題與挑戰，我相信我擁有不論是外在或內在的資源。」那份對自己的信任，就能帶他穿越各種困難。

第三，有選擇焦慮的人因為缺乏對自己的喜歡，所以不確定自己要什麼，卻因為很需要贏得別人的喜歡與認可，所以可能清楚別人期待什麼。

以離職為例，他可能因為有一份看似穩定的工作，至少在外人或是父母眼裡是「正常或令人安心」的樣子，所以即使他心裡不開心，但為了別人寧可忍一忍。只是忍久了，他又覺得自己情緒受害，因此一直在這股矛盾中掙扎。

通常不確定自己要什麼的人，對關係的依賴度較高，比起了解自己的需求，更容易看見他人的需求。在我的實務諮商案例中，他們「為他人而活」的比例非常高。他們因為需要依附在關係上，也不喜歡因為彼此意見不一致而引發衝突，結果時間久了，就會愈來愈忘記自己喜歡什麼。

練習承受他人的失望與質疑

Willian 因為離婚後一直沒有再順利進入親密關係而前來諮商。我們一起探討了

Willian 的關係模式後，發現他在之前的夫妻關係中很黏、也很容易過度關注妻子，事事為她著想，為她努力拚事業。當妻子有自己喜歡的興趣跟生活圈時，Willian 變得格外落寞，甚至有時會酸溜溜地跟妻子抱怨。幾年下來，Willian 覺得妻子的關注力都不在自己身上後，在彼此一次意氣用事的吵架中，終於決定分開。

不難想像，分開後的 Willian 自然失去努力的衝勁，也失去生活的目標和重心，因為對他而言，有口飯吃、生活可過就好了，他一直都胸無大志，他只想要有個人陪自己，為對方喜歡的東西努力。他也因為這個特質，後來在工作上雖有喜歡的對象，卻不自覺地讓自己成為對方的工具人，到後來對方另交男友，Willian 心裡痛苦萬分。

在諮商的過程，Willian 逐漸意識到，他所謂的「胸無大志」，其實包含了對自己不上心，沒有想要經營自己，沒有去理解自己喜歡什麼，以至於開始在生活中各種將就。

但假若他願意肯定自己的需求，願意長出承受他人失望與質疑的能力，那他可以在每一次選擇中練習——練習知道什麼是讓自己喜歡的狀態，練習去承擔後續不確定的狀態，如此他的選擇將會逐漸從「將就」來到「講究」。

前些日子我在演講時，談到「後悔」這個狀態。還記得我二十歲出頭，經常會懊悔，經常難以做決定。我怕結果不如自己預期時會想咬舌自盡，所以我控制狀況、不服輸、要求一切在自己的掌控下；我也很愛怨天尤人，經常覺得身旁的人或老天爺跟自己過不去。說穿了，其實我就是不想要後悔，不想要有自己無法接受的結果，否則我會無法接受我自己。

後來在一次自省的過程裡，我不知道打哪來的勇氣，大概是受夠了經常把事情預想得太糟糕、陷入自責羞愧的情緒，動不動就很希望人生按下 reset（重設）鍵，我便對自己說：「不如去看看那個你很想丟掉的自己吧！」

想當然，過程並不如你想像得「轟隆」一下，所有的問題都解決了，但是我很痛苦跟難堪地直視那個無法忍受的自己，同時也承受在身上經驗到的各種情緒，更開放接受了各種安排。

除了直視自己之外，我更學到了一個寶貴的心理歷程：後悔是一種「忍受」自己做出不合預期的決定；「承受」是承擔苦果，是一種承認壓力與不順遂的存在，承擔一切因果，與自己身上發生的決策的總和；最後，「接受」是接納了事情不如預期，同時也願意體會生命安排來的新風景。因此選擇的後果，其實就是從「忍受」、到「承受」、到「接受」的心境轉變。

假若讓生命一直停留在第一階段「忍受」的狀態，生命自然會充滿各種無奈。有時候，從認為自己做錯事情的批判與苛責中，學著陪伴自己走過生活的新狀態，放過做決定的自己，也理解做決定的自己，就會迎來人生的新風景。

所以親愛的，當我們擁有了承受的能力，以及全觀地理解自己，就能變得負責和成熟，同時擁有更多的自由，不再依賴他人的認可或需要別人幫忙做決定，不會再因為事情不如預期就怪東怪西。

你會發現，不後悔，其實就是與自己和解。

療癒時刻

你還在為某件事後悔嗎？其實我們做的任何決定，都會伴隨預期與非預期的結果。預期的結果意味著你的能力已經可以評估並處理外界挑戰，非預期的結果則是一個鍛鍊與拓展能力的機會。

你可以選擇要當抗拒改變的自己？或是迎接挑戰後裝備更齊全的自己？當你能這樣調整去看待人生的各種改變，你將有機會看見許多精彩的風景，遇見很不一樣的生活圈，開展各種可能的外掛人生。

25

敬畏感

超越內在恐懼，成為讓自己敬畏的人

人生有時候，是需要那股會讓你敬畏的感受，包括成為你敬畏的自己。

在《姊就是大器》（*Playing Big*）這本書裡，談到很多女性之所以習慣隱藏自己，是因為在以男性為主導的職場，她們沒有得到充分友善的對待，外在環境不會欣賞她們做自己並且勇於表達意見的特質，而且她們在成長過程中，不斷承受各種教條指導，包括「你不要這麼強勢」、「你不要這麼拚命爭取」等等，以至於很多女性只能活出受限的自己，或在這些對待裡逐步設定自己，不斷活在羨慕他人且低估自己的狀態中。她們順從地跟著大環境的眼光，一起忽略自己的能力，無法成為那個能夠研磨拋光、引出內在光亮的人。

記得當年我在準備研究所考試的時候，身心承受巨大的壓力，經期混亂甚至長達半年沒有月事。我拚了命地想考上，就當確定拿到入學許可時，我的母親跟我有了這麼一段對話：

「念書很辛苦嗎？」母親問我。

「很辛苦啊，壓力很大，月經都不敢來了。」我的心情其實有些複雜，畢竟跨領域讀書考試，是一個極其孤單的過程。

「你一個女孩子家，到底為什麼要這麼拚命追求……」母親欲言又止。她當年已經不止一次對我說出這樣的話，上一次是我念了大學後又吵著回去重考。

在我生涯的選擇上，母親參與得少也常給不了太多建議。而當時她沒說出口的，是她很希望我不要繼續念碩士班，可以多花一點時間陪她，那是每個母親的心願。但另一方面她也沒說出口的，是她日後可以有面子地去跟同事們分享她女兒努力的成果。然而就是這樣一個偉大的母親，讓我可以無後顧之憂地往前邁進，不論我做何選擇，她即使不同意地碎念著，即使不理解地憂慮著，卻始終會支持我，做我的後盾。她的存在進而成為我內在最重要的力量。

成為自己敬畏的自己，需要這股相信的力量，才能無後顧之憂地向前邁進。

究竟是害怕還是敬畏，阻礙你前進？

回想我高中的時候有次返家，正巧遇到一個我不太熟悉的父親故友。她騎著機車停在路邊，一邊跟父親對話，一邊問我「現在在幹嘛？」我說：「在準備考大學，現在在念高雄女中。」她則是這麼回應我：「女孩子家念這麼多書幹嘛，最後不也要嫁人，趕快嫁一嫁比較實際。」

她是個有趣的故人，她曾經在父親身上烙下陰影。她鄙棄地對父親說：「你這個條仔腳，買不起路角厝。」（台語，意思就是「你這個租著房子的男人，買不起路邊的房子。」）父親當年嚥不下這口氣，在三年之內買了兩棟房子。

而我現在依舊清楚記得這個女人對我說的這段話。她話中透露出的守舊想法，正是阻礙許多女人自在成為自己、追求更進階自己的框架，她們有自己的夢想，卻同時害怕自己的夢想，而《姊就是大器》這本書對我最重要的啟發則是，去辨識你的感覺，那究竟是害怕還是敬畏。

「害怕」是一種讓自己能量縮小的狀態，覺得自己沒有能力、沒有本事、沒有辦法去面對；**「敬畏」則是當你在面對一個比你巨大的人事物時，你心中油然而生的尊敬、敬重**。面對未知、面對選擇，你不一定需要縮小自己，你可以仰慕、趨前；你也可以讓自己擴張、拓展，然後推自己一把，向前奔去，奔向你敬畏的那個狀態，沐浴在敬畏之下的那份肅穆中。

「害怕」之所以持續存在，來自你對自己的設定是：我做不到，因為我來自偏僻的鄉下地區；我沒辦法，因為我家境沒有其他人優渥……諸如此類低落的自我價值。「害怕」讓我們只能看見自己沒有的，或是自身的限制，無法看見自己擁有的優勢或正向的特質。

就如同我有願意支持我的母親以及努力為生活拚搏的父親，他們具有包容以及韌性的特質，而這些看不見卻珍貴、但也最容易被忽略的特質，透過教養成為我的一部分，豐富我的生命厚度。

在我們的生活中，很多時候我們都可以成為讓自己敬畏的人，但我們容易被生活的挑戰給淹沒，成為有各種焦慮恐懼的人。因此，必須有意識地走過一段心理歷程，才能卸除不必要的焦慮恐懼。

通常當你遇到挑戰或困境時，意味著這件事在你想法中超出你的能力所及，即使它有機會擴大你不同形式的能力，或者你可能早就處理過類似情境了，但你因為「我沒辦法」、「我不行」的內在設定，使得你遇到挑戰或困境時容易出現焦慮反應；或者是你遇到事情的慌亂反應，啟動你負面的內在語言，因此你開始自我批評，也將自己推向出於恐懼心理的縮小自我狀態。

「我這點能力根本撐不起這件事！」

「我不想要被瞧不起，我一定要證明給他們看！」

「這件事沒做好我就死定了，整個人生毀了！」

疼惜縮小的自我

「放下屠刀，立地成佛」，我很喜歡用這句話來描述心理狀態。很多時候讓我們心生痛苦的，是我們內在那把永遠指向自己的刀，永遠無法饒恕自己，總是見縫插針批判自己的過失與不足；甚至有時候不用等人質疑自己或否定自己，我們總習慣放大檢視自己的過錯，總認為「把事情做好是應該的」。那把像藤條的刀，無時無刻不在等著射向自己，這些都會導致一個人持續焦慮不安，更容易出錯。

放開那把自我攻擊的刀，你會立刻感受到內心的寧靜。我也常在帶領學員自我對話後，讓他們體驗腦袋的清明、清淨與清爽。

當下一次你要拿刀霍霍向自己，請將刀換成花，請用愛去面對生命中的每一次挑戰。

還記得有次帶課程的角色扮演時，其中一個學員分享他童年的創傷經驗。在他小學三年級時，必須要上台表演鋼琴，但他很害怕上台。他知道家人花了很多錢讓他上課，但他一直處在學習的壓力中，一直覺得自己表現不佳，很怕上台後沒有好好表現，台下觀眾的表情跟臉色不知會有多難看。他光想著那畫面就開始胃不停地糾疼，最後，他因為臉色慘白全身無力，無法上台表演。在後台陪著他的母親非常生氣，覺得他只會惹事生非讓家族蒙羞，悻悻然地帶他回家，氣得不再花錢讓他學琴。

我陪著這已經長大的孩子，聽他講完小時候的故事，在課堂上坐在他旁邊對他說：「你嚇壞了，對嗎？能不能告訴我，你在擔心害怕些什麼？」學員一瞬間跌入記憶深淵，彷彿再次回到小時候的自己，童言童語地說起自己的感受。

「台下真的好多人，我好怕我表現不好媽媽會生氣，而且我常常肚子痛，會痛到發抖，根本沒辦法專注，如果上台又全部忘記，會超級丟臉。」

「那真的好嚇人，自己面對一定很不容易，你把好多難受都藏在心裡了，是嗎？」學員孩子氣地點點頭。

我接著說：「你沒有一個人喔，我在這裡陪著你，我知道你每次都很認真練習，為了這個表演你花很多力氣，對嗎？只是台下眼睛很多，我知道那個感覺很有壓力，如果是我也覺得好可怕。」

學員說：「對啊，我媽每次都說這有什麼嗎？膽小懦弱！我愈不敢說話，覺得肚子愈痛。」可以想像這個母親望子成龍心切，承受多少不為人知的壓力，但這些壓力都轉嫁到孩子身上。

是的，孩子正在經歷一個大於他能力的挑戰，但內在支持不足，外在壓力又不斷擠壓，他感覺自己變得無比渺小，他只想逃走，不敢面對和承擔。但他不知道的是，他其實需要有人陪著他、相信他，讓他清楚知道自己是被愛著的，他就能在自我被擠壓的過程中，逐漸舒展開來，自然而然地發揮實力，或是表現得比以往更加優異。

同樣地，很多父母很期待自己的孩子發光發熱，因此投注許多心力在培養孩子，有時卻忘了，孩子之所以願意被培養，背後出自於渴望父母的愛。而當他沒有感受到足夠的愛，等於失去了支撐自己走下去的力道。

那股力量不會只是提供孩子知識或技能的培養就足夠，更重要、更根本的是，來自家人的相信與後盾感——那份不論你做什麼，我都在這裡的「存在」。

我接著對這個學員說：「沒有關係，願意表演的人都勇氣可嘉，我會陪著你，因為一直認真練習的你是很棒的，很值得被大家看見。」

學員一邊聽著，從原本緊張的表情，露出害羞的微笑，並且在眼神裡漾出希望的光彩。我接著問他：「現在感覺怎麼樣？」他則是靦腆地回答我：「我覺得好像可以試試看。」

看到他一說完也被自己嚇著的神情，我忍不住替他喝采。是的，他從原本的害怕到願意嘗試，從自我懷疑到相信如果重新來過，他可以挑戰成功，他轉化為讓自己都敬畏的人。

這樣的轉變，我們都可以做到。我們的生活中本就有很多事超出自身能力，的確不可能掌握所有的事情，但如何平靜地面對，在於內在的清晰洞見，也在於內在的溫柔與支持。

當你面對挑戰，你願意承認那股因為恐懼而縮小自己的感受，願意陪伴自己時，那正意味著你用愛去化解身上的恐懼。你送自己一束溫暖又充滿愛的花，也會在這份愛裡，有勇氣和力量去擴張自己的極限，去跨越橫在眼前的阻礙，去成就出不一樣的自己。

當你持續承認內心的恐懼，持續對自己送出愛，那份寧靜與平和會在你的周遭蔓延，幫你招引來更多的愛和力量，讓你在面對挑戰時，可以加入更多人的助力，而更容易成就出另一版本的自己。

療癒時刻

害怕的情緒幫助人提高警覺，做事謹慎。如果沒有害怕，會讓人變得魯莽且不知天高地厚，更可能不思長進。但過度的害怕，讓人畫地自限，甚至寸步難行。

你心中是否為某件事持續憂慮、緊張不安？那是你未正名的恐懼。請幫自己的恐懼命名，像是「害怕婚姻失敗」、「害怕丟了工作」，然後帶著愛看向自己。告訴自己：「讓我們一步一步，每一步都好好地走，我陪你經歷這個過程。」把心靜下來，看見自己的前進，而不是看著自己的缺失。

小結・探索自我地圖3

改寫自我的負向詞彙

自信心和「你如何看待與對待自己」很有關聯。你對自我形象的滿意程度，反映了你對自我接受、接納的程度。如果你對自己是不滿意的，很多時候會很強烈地自我批評。你可以先問問自己：「究竟是什麼原因，讓我對生活中各方面都有著極高的標準？」以及「我生活中那麼多的不滿意到底是從何而來？」你可以試著從兩個層次來思考。

第一個層次是：「我究竟不滿意什麼？」「不滿意」其實代表著你的心裡其實有一個大洞，也許是你沒有一個溫暖關心你的媽媽，或是你的爸爸並沒有擔起照顧家庭的責任等；因為你覺得自己的家庭與別人的家庭長得不一樣，你心裡就會有很強大的失落及不滿意感，而這個「不滿意」久而久之就會讓你對其他事情也感到不滿意，也會有很多的批判。因此，我們必須去正視，內心不滿意的東西到底是什麼。

第二個層次是：「這是從哪學來的？」你可以問問自己：「我對自己說話的這個態度，到底是從哪裡學來的？」有可能從小你父親對你就是實施嚴格管教，好比做對了是理所當然，一旦做錯了就把你罵到臭頭，進而使你學會了這樣的說話方式。簡單來說，你對自己的說話方式，就如同你的內心裡住著一個像你父親的江東父老，無論你看到自己做什麼事情，你都有辦法將自己罵一番，也就是自我批評。

這兩個層次是要提醒你，因為那些狀態可能已經跟著你很長一段時間，甚至有時候你只要一安靜，腦海中所出現的所有聲音都是「我今天哪裡又做不好」、「為什麼我家會這樣？」等各種自我批評，不斷破壞你的自我之樹。如果長時間都處於這樣的狀態，你怎麼可能不焦慮？你怎麼可能會有自信？

現在，請你特別看看你寫下的所有「負向詞彙」，我們要來改寫它！

直視「我不夠好」的內在聲音

請你再拿張白紙，中間畫一條線，把空白紙分成兩半。左半邊，請你把在自我之樹所有負向詞彙都抄寫上來，每項之間留下一些間隔，待會我們才有空間改寫。

你看看自己寫下的這些負向詞彙，是不是已經有批評、打擊自信心的陳述了呢？例如，我說「我的腰圍是三十二吋，理想的是再減三吋」，這是中性描述，但如果寫「我的腰又粗又胖」，這就是自我批評、覺得「我不夠好」的聲音。長期這樣對自己說，自然會減損你的自信心。

所以，我們要練習改寫，也就是練習用中性、客觀的眼光來看待自己。這包含四個要點。

1.不用有偏見的字眼

請你把你的陳述中每個「帶有偏見」的字詞都找出來，並且改寫成不帶偏見、中性的字眼。像是「我很胖」，修改為「我長得福氣」；「我東西凌亂」，修改為「我生活隨性」。請你現在就試試看，將改寫的內容寫在白紙的右半邊！

2.用詞要精準，避免概略性的詞彙

不要誇大，也不要美化弱點，單純把弱點改用中性的句子來描述，純粹地描述事實。例如，將「我文筆很爛」調整成「我容易有錯字」或「我不擅長使用標點符號」等。另外，舉凡所有頻率副詞，像是「一切」、「總是」、「從未」、「完全」這些詞彙都請刪掉，不要用概略、概括的詞，而是明確指出情況、場景、和誰相處會有什麼樣的反應等等。

很多人喜歡用頻率副詞來描述自己，很容易就把自己說得一無是處。像是「我『總是』不喜歡獨處」，先把「總是」刪掉，然後更細節、更具體地描述，例如「晚上九點後，如果我一個人獨處在家，我會覺得很空虛、焦慮」。又如，「我『根本』無法應對客戶」，如果你這麼說，請確認事實，真是如此嗎？這句話有時再深入探索後會發現，有時是交談過程中的資訊不夠所導致，例如有些人很依賴表情訊息的回饋，因此這句話就要調整成「當我看不到客戶的表情，像是只能通話的會議時，我難以掌握對話重點」。

當知道不舒服的感受是在某些情境才發生時，就能預先準備。

3. 記得為你的「不足」正名

當你告訴我「我處理得很糟」，我通常會繼續問：「發生什麼事？」而我有時候會聽不懂他們覺得糟的是什麼「具體」事件，往往是一種「很糟的感覺」，這種很糟的感覺很可能就是沒有明確得到客戶或主管肯定。

給它一個明確的稱呼，你才能精準地為自己設定調整或改善的目標與方法。如果你一直不願意具體闡明「不足」，通常代表著你習慣且廣泛地自我否定，就是一種「只要與我有關的都是不好的」思考慣性。我通常這時候就會反問，如果你這麼質疑自己，你有沒有也質疑一下你這個思考慣性呢？

4. 找出例外或相應的優點

這一點對於那些你格外在意、討厭的缺點很重要！我舉個例子，假設你之前寫下「我脾氣很不好、很暴躁」，那麼，現在你要幫自己再往下深入地去想，有沒有什麼情況例外，你其實沒有像自己說的這樣暴躁？例如，你可能改寫為「當別人耽誤到我的行程，像是老公臨時要加班，原本約好一起吃晚餐，變成我在他公司樓下呆等他一個多小時，這時我會很生氣，也容易發脾氣，但其他時候我的情緒其實是穩定、愉快的」，這樣你就幫自己看懂了，你不是脾氣不好，而是你在意對方是否尊重你、重視你的需求。

我再舉個例子，假設你原先寫「我討好別人、難以拒絕別人」，一樣想想例外情境，再來也可以想想相應的優點，可能也因為有這樣的性格，幫助你和許多人建立了良好的關係。

談到這，你發現了嗎？我們內在「我不夠好」的這個聲音，很常重複播放，到最後你甚至會全盤否定自己，覺得自己什麼都不好，所以改寫的這個動作很重要！幫助你練習用新的、中性而客觀的眼光來看待自己，具體化你的弱點，但從中找出例外，或是看見弱點中潛藏的優勢和助益。

後記

出發吧！走在繁花似錦的路上

很多人問我，如何精力充沛地完成了很多事情？這真是個很棒的問題，因為我從來就不覺得我完成很多事，而是我喜歡完成這些事，或我喜歡正在做這些事的自己。而更重要的是，即使沒做事的自己，我也喜歡，那就更棒了。

曾經「經營」這個詞對我而言很重要，但在經歷多年創業與不斷思考，其實有個狀態更吸引我關注，那便是「如何生活」。

也許很多人會說工作與生活要平衡，但如同我前一陣子讀了《一流的人如何駕馭自我》（*Passion Paradox*）在探討的，就是如何管理「熱情」。書中提到，大部分的人為何沒有永續的熱情，甚至因為熱情誤入歧途，往往是受外在成果、成就、認可或賞識所驅遣，或是受恐懼、擔心辜負他人或自己、害怕失敗所驅遣，而這些正是會讓人在經營自己的過程裡，經常搖擺或質疑的原因。

要求人無所求去做一件事，例如不期待外界掌聲，不希望有人回饋，不想要市場有所反應，這是很困難的。投入很多努力卻沒有足夠的回饋時，要說不害怕被環境的洪流給擊退，可能也沒這麼容易。但當把問題聚焦在長久與永續時，不斷直視內心就變得關鍵，定調生命意義也變得重要，往往那份意義感與你如何運用自身的天賦對社會付出愛與貢獻有關，也通常是這份意義感會支持你持續往前走。

支持我一直往前走的，是「讓更多人過上覺醒與自由的人生」這個信念。我還沒完全到達這個境界，雖然大部分時間讓自己處在這個狀態裡，但活在這世界的那份焦慮與恐懼還是不時會入侵我的心智。

我很幸運在開始做心理工作後，就拿到內心那把心智的鑰匙，那把鑰匙我會稱之為，通往自由的心靈之鑰，它幫助我「看見」，也就是覺察自己的所行、所言、所想。因為看得見，就能夠改變，所以我自然可以改變自己，成為任何我期待的樣子，往成為自己人生的魔術師、成為療癒自己傷痛的治療師而努力。

但有時這會衍生出另一形式的痛苦。那就是，每一年的自己都在變化，都像是蛻去一層外皮，置換成嶄新的狀態。每一次的蛻變都如此有感，更直接反應的，會是身旁的朋友圈也不斷變動與擴展。這也是很多人在自我成長後會經歷到的，會開始接觸不同的「群」，畢竟自我成長的疲累，需要有「群」的理解和支持，或更需要「群」來幫助自己更順地度過每一次的改變。

因此，與內在焦慮與恐懼對視，也是日常一部分。

常出現在我內心的聲音是「我覺得這堂課教得太沉悶」、「這篇文章寫得太生硬」、「這個節目說得太冗長」、「這場諮商談得太失焦」，我很容易對自己不滿意，也很常認為自己表現不夠好。這股「不夠」的聲音一方面會鞭策我不斷學習，另方面卻也讓我落入恐懼失敗當中，讓我懷疑我更害怕、更在乎的是自己失敗後得承受他人的眼光，而不是惋惜沒能實踐「讓更多人過上覺醒與自由的人生」這一理念。

這些內在聲音，究竟是自我譴責還是自我期許？驅策我向前的究竟是恐懼還是意義？究竟是外在動機還是內在動機？在每一次行走人生的片刻，我是否幫自己看見那份緣起的動機？

永續地通往自由心靈

在每一次挖開自己的內在對話中，我漸漸開始意識到，要永續地行走在這條通往自由心靈的路上，的確需要很多。除了專業認同外，更需要自我認同，相信自己的知識所學可以達成我的理念，同時相信自己的付出可以達成理念。缺乏這兩項認同，就會經常感到疲乏與懷疑，一旦外界沒給出認可時，自然就會焦慮；一旦外界給出質問時，自然就會恐懼，自由心靈之路很快就面臨中斷。

所以為了鍛鍊支持且永續的心態，我提供以下三種觀點。

1. 精益求精的成長心態

困擾自己的不足感，可以透過明確的學習目的來調整，但前提是你要區分自己究竟是在自我否定下學習，還是在自我反思下學習？

鈴木俊隆禪師告訴學生：「你們每個人都已經很完美了。」又說：「不過，不妨再加上一點點改進。」這段話，剛好調和了生命裡的自我接納與自我成長兩方面。

當每次你面對自己的反應是「我糟透了，我該找個課來上，該找本書來看」，這樣的學習只是在撫慰你的學習焦慮，讓你感覺沒那麼糟罷了，真正困擾你的，還是你不夠喜歡自己，做什麼都不滿意，因此這些學習沒能真正「整合」為你的一部分。

自我否定的心態，會讓你在事情不如意時，更有想要砍掉重練的衝動，失去永續經營的軌跡和累積，更且在每次的失去後，你會更加自我否定，甚至有雪崩式的墜落感。

缺乏自我接納，學習就是一個不停補破洞的過程，而內心的無底洞只會愈益貪婪，因為你更常有一種「我花了這麼多錢、這麼多時間，為什麼還是這麼糟糕」的感受。

但如果是自我反思的過程，你不會被恐懼與羞愧感淹沒，縱使或許你會有挫折感，但不會覺得自己一無是處，而是能依循明確的目標與方向，知道自己往哪個方向做點努力，付出時間精力，將能收獲更加滿意的成果。

也因為這股成長心態，你會知道生命就是累積的過程，不會認為自己的努力徒勞無功，而是清楚自己正在逐步整合與拓展思維。

2. 容納百川的包容心態

有時候達成心中的理念，不能單靠一個人的力量與視框，往往需要別人的支援、別人的觀點，來把一件事情做到極致的深度與廣度。所以，我們需要擁有與人合作的態度，欣賞他人的差異性，願意承認自己的不足和有限性。

就像照顧孩子，很多時候我們都以為自己的方式是最好，而討厭其他人下指導棋，或覺得他人不懂。但若這時我們回到專業認同與自我認同的觀點中，相信自己的知識所學，也相信自己的付出，也許就不認為其他人是在否定你的教養方式，而有餘裕和空間去思考他人正在分享的觀點。

很多時候我們之所以做一件事做到疲乏與疲憊，往往是因為太專注在自己的認定，而無法容納他人的想法。相反地，假如你的心智裡都裝載著其他人的想法，你也會變得選擇困難，相互牴觸自相矛盾。

所以在容納他人時，前提是要有自己的主軸，不斷整合與擴展自己。包容地給出，在於你能理解自己的限制與他人的限制，因此，對自己要有夠多的同理心，否則當你都在自我否定的狀態時，就容易對他人的思想全盤接收，或容易全盤推翻、挑剔嫌棄，無法看到自己好的部分與對方特別的部分，無法朝向共好的狀態。

給不出包容就會導致支援與支持不足，很多事情只能靠自己完成或努力去拚搏，這樣是無法長久走在達成理念的路上，總是很快就筋疲力竭了。

3. 電力有限的保護心態

每個人的時間、精力與情緒是需要被保護的，因為一天的電力就這麼多了。有些人感覺自己就像一顆過度耗電、永遠電力不足的電池，一回到家就只能做一些不用動腦力的事情，比如滑手機、打電動等。

第一大耗電量是：因為你很沒有自己。很多人將其他人的事務擺在自己之前，導致自己該做的事情被擠壓，或因為一整天沒有自己的時間而出現報復性熬夜，以爭取深夜寧靜的 ME TIME，結果可能因此更加操勞過度。

第二大耗電量：因為你不喜歡自己。經常覺得自己這個不好、那個不好，好比當我寫完這篇文章之後就開始檢討自己，認為怎麼沒重點或敘述冗長等，這些評價會帶來負面感受，包含挫折、難堪或厭惡，很快就會讓我沒電了。簡言之，唯有快樂與幸福的評價，才會讓人精力滿滿。

第三大耗電量：未盡事宜，就是unfinished business。例如當行事曆上有其他很多的待辦清單，而這件事又很緊急，若沒有趕快完成，它就會成為未完成的事情，而沒有完成的事情就會占據我們的腦容量與電力，它就像個警示燈，在那裡一直閃著，提醒你還沒完成它。

未盡事宜其實可以含括非常多的面向，像前述討好他人、很沒有自己的人，他們容易擔心不幫忙會讓別人不開心，所以未盡事宜通常會非常多。未盡事宜也可能是生命裡未處理的課題，包含一直煩惱的關係課題或情緒困擾等。

所以正視你的電力漏洞，懂得保護自己的電力，適時拒絕別人也拒絕自己。拒絕別人的請求，拒絕自己向他人討認同，專注在你認為重要的事情上，有方向性有建設性地往你想要的目標前進。

有時候幫自己適時地停損，找懂你的人好好討論你腦袋裡的東西，或是去拆解你內在的狀態，對你的人生都可以有很大的幫助。

總而言之，與其說永續經營，倒不如說持續修練，畢竟生活總是有各種挑戰與磨練。如何在這些不預期的人事物裡體悟出道理，或是學習與跨越人生功課，本就是一輩子會遇上的事情。我們總在挫敗與困境中更看懂自己，以及更拓展自身邊界，更擴大自身的容納度。總有一天，你會發現這個所謂的「自己」不再如此重要，反倒那一刻，你可以更無所顧忌地發揮自我，發揮與生俱來的天賦，續航力十足且輕易地充飽電去做更多你想做也可以做的事。

出發吧，自由、自在與自信，已在路上。

心靈成長 112

你這麼好，為什麼沒自信？

承接內在脆弱，三階段重建穩固的自我，擺脫他人眼光，活出自己喜歡的樣子

作　　者／吳姵瑩
美術設計／Dinner Illustration
內頁排版／邱介惠
責任編輯／黃惠鈴

天下雜誌群創辦人／殷允芃
天下雜誌董事長／吳迎春
出版部總編輯／吳韻儀
出 版 者／天下雜誌股份有限公司
地　　址／台北市 104 南京東路二段 139 號 11 樓
讀者服務／（02）2662-0332　傳真／(02）2662-6048
天下雜誌GROUP網址／ http://www.cw.com.tw
劃撥帳號／01895001天下雜誌股份有限公司
法律顧問／台英國際商務法律事務所・羅明通律師
製版印刷／中原造像股份有限公司
總 經 銷／大和圖書有限公司　電話／（02）8990-2588
出版日期／2024 年 9 月 4 日第一版第一次印行
　　　　　2025 年 4 月 24 日第一版第三次印行
定　　價／420 元

書 號：BCCG0112P
ISBN：978-626-7468-44-9

直營門市書香花園　地址／台北市建國北路二段6巷11號　電話／02-2506-1635
天下網路書店　shop.cwbook.com.tw　電話／02-2662-0332　傳真／02-2662-6048

國家圖書館出版品預行編目（CIP）資料

你這麼好，為什麼沒自信？：承接內在脆弱, 三階段重建穩固的自我，擺脫他人眼光，活出自己喜歡的樣子／吳姵瑩著. -- 第一版. -- 臺北市 : 天下雜誌股份有限公司, 2024.09
296 面 ; 14.8×21 公分 . --（心靈成長 ; 112）
ISBN 978-626-7468-44-9（精裝）

1. CST: 自信　2. CST: 自我實現

177.2　　113012078

天下雜誌出版
CommonWealth
Mag. Publishing